Albert Memmi
Rassismus

Rassismus entsteht durch die »verallgemeinerte und verabsolutierte Wertung tatsächlicher oder fiktiver Unterschiede zum Nutzen des Anklägers und zum Schaden seines Opfers, mit der seine Privilegien oder Aggressionen gerechtfertigt werden sollen.«

Diese Rassismus-Definition von Albert Memmi gilt seit ihrer Aufnahme in die Encyclopaedia Universalis als gültig in Forschung und Lehre. Darüber hinaus wurde sie von ihm selbst in zahlreichen Publikationen erweitert und präzisiert.

In dem vorliegenden Buch, das als Taschenbuch in Frankreich in mehreren Auflagen große Beachtung fand, beschäftigt sich Memmi ausschließlich mit dem Phänomen Rassismus: dem biologisch, oder besser, biologistisch argumentierenden, dem Antisemitismus, dem auf Rassismus gründenden Kolonialismus und einem auch hierzulande zunehmend anzutreffenden diffusen Fremdenhaß.

Anhand neuer Argumente und mit vielen Beispielen und Einzelstudien aus Geschichte und Gegenwart, analysiert er das ganze Spektrum von Rassismus.

Albert Memmi, geb. 1920, wurde als Autor vieler literarischer und wissenschaftlicher Werke bekannt. In deutscher Sprache erschienen *Die Salzsäule* (1963/1985), *Der Kolonisator und der Kolonisierte* (1980). Er lehrt an der Universität Paris-Nanterre. Sein in über zwanzig Ländern publiziertes Oeuvre wurde mit Auszeichnungen gewürdigt: le prix de Carthage (Tunis), le prix Fénéon (Paris) und le prix Simba (Rom).

Albert Memmi

Rassismus

Aus dem Französischen übersetzt von
Udo Rennert

athenäums taschenbuch by anton hain

Titel der Originalausgabe: *Le racisme. Description, définition, traitement*
© Editions Gallimard, 1982

CIP-Titelaufnahme der Deutschen Bibliothek

Memmi, Albert:
Rassismus / Albert Memmi. Aus d. Franz. von Udo Remmert –
Frankfurt am Main: Hain, 1992
(Athenäums Taschenbücher; Band 172)
 Einheitssacht.: Le racisme <dt.>
 ISBN 3-445-04872-X

NE: GT

athenäums taschenbuch
Band 172
Mai 1992
Verlag Anton Hain GmbH, Frankfurt am Main 1992
© 1987 Athenäum Verlag GmbH, Frankfurt am Main
Umschlaggestaltung: nach Entwürfen von Gunter Rambow
Druck und Bindung: Druckladen Preungesheim GmbH, Frankfurt am Main
Printed in Germany
ISBN 3-445-04872-X

Inhalt

Für Aimé Patri,
meinen ersten Lehrmeister
im Denken

I. Beschreibung

Der Rassist

Der Gegenstand des vorliegenden Essays hat außer dem tragischen auch einen überraschenden und paradoxen Aspekt. So gut wie niemand möchte als Rassist gelten, und dennoch behauptet sich das rassistische Denken und Handeln hartnäckig bis auf den heutigen Tag. Auf direkte Fragen verleugnet sich der Rassist und löst sich in nichts auf: er und Rassist – kein Gedanke! Er wäre beleidigt, würde man weiter darauf bestehen. Wenn es demnach auch keinen Rasissten gibt, so gibt es jedoch zweifellos rassistische Einstellungen und Verhaltensweisen; jeder könnte dafür Beispiele anführen ... bei jemand anderem. Eigentlich müßte doch die rassistische Argumentation mittlerweile langweilig und überholt erscheinen: Tausend und abertausendmal ist sie von Spezialisten der verschiedensten Fachgebiete stets aufs neue widerlegt worden; die Angelegenheit müßte ein für allemal geklärt, auch der letzte Rassist inzwischen überzeugt sein, und dennoch hört er nicht auf, sich zu wiederholen, als hätte kein einziges Gegenargument bei ihm verfangen. Wovon spricht man eigentlich und von wem? Auch diesen Widersprüchen und dieser Verstocktheit werden wir nachgehen müssen.

Solange die rassistischen Äußerungen nicht verstummen wollen, rufen wir uns noch einmal ihren Inhalt in Erinnerung und machen uns einmal mehr an ihre Widerlegung, bevor wir eine Analyse dieses als Erfahrung und als Verhaltensweise vorfindlichen, individuellen und kollektiven Phänomens versuchen. Gleichviel, ob der Rassist Dummheiten oder Wahrheiten von sich gibt, sich abweichend oder normal verhält, wir müssen ihn wohl anhören, da schließlich er es ist, der die Beschuldigungen vorbringt und die Schläge austeilt. Bleibt uns dann noch eine Interpretation der Natur seiner Argumentation; so wahnhaft diese auch sein mag, sie dürfte uns doch mehr über den verraten, der sie vorbringt, als über ihre Inhalte. Und diese Vermutung scheint sich in der Tat zu bestätigen.

Was sagt nun der Rassist oder sein sogar von ihm selbst verleugneter Schlagschatten?

Halten wir zunächst fest, daß er in seinen Aussagen nach Kohärenz und sogar nach einem System strebt. Und eigenartigerweise scheint er zumindest in dieser Hinsicht zu überzeugen, denn immerhin wird ja seine Behauptung aufgegriffen, es gebe eine rassistische *Theorie*. Wir verfügen über zahlreiche fragmentarische oder weitschweifige Texte, in denen wir die Selbstgewißheit und den Ehrgeiz rassistischer Autoren bestätigt finden können, ihre Überzeugung, daß sie einem wohlwollenden Publikum, das ihnen zu folgen bereit ist, eine Wahrheit verkünden. Selbst der gewöhnliche Rassist, weder Denker noch Spezialist, kennt sich auf seinem Gebiet offenbar gut aus, jedenfalls besser als der Gleichgültige oder der Antirassist. Das liegt daran, so könnte man vielleicht sagen, daß die Beschäftigung mit diesem Thema bei ihm fast zu einer Obsession geworden ist. In der Wohnung oder auf der Straße, im Bus oder auf der Arbeitsstelle – jedem, der ihm zuhört, hält er einen Vortrag darüber; er will zustimmende Bemerkungen provozieren, die ihn mit Freude erfüllen, oder sogar Einwände, denen er triumphierend begegnet. Er beruft sich auf Gelesenes, auf Informationen, die er bereitwillig zur Belehrung aller Welt mitteilt; selbstgefällig gelangt er schließlich zu allgemeinen Betrachtungen über die menschliche Natur und das Schicksal der Zivilisation. Auf diese Weise entsteht zwar keine wissenschaftliche Theorie, aber immerhin so etwas wie eine rassistische Philosophie, sofern man diesen Terminus so großzügig auslegen will: eine allgemeine Vorstellung und ein Wille zur Überzeugung, mit denen die Menschen beeinflußt werden sollen, um auf eine neue Ordnung der Dinge hinzuarbeiten.

Worin besteht diese Philosophie? Was soll mit ihr bewiesen werden, und worauf läuft sie hinaus?

Wenn man einmal von ganz speziellen Äußerungen, unterschiedlichen Schulen und den Marotten einzelner Autoren absieht, dann stützt sich diese Philosophie hauptsächlich auf drei Argumentationsreihen, die man vielleicht wie folgt zusammenfassen kann:

1. Es gibt *reine* und demnach von anderen verschiedenen *Rassen*, d. h. also bedeutsame biologische Unterschiede zwischen den Gruppen und den Individuen, aus denen sie sich zusammensetzen.

.2. Die reinen Rassen sind *den anderen biologisch überlegen*; diese Überlegenheit äußert sich ebenso in psychologischer wie in gesellschaftlicher, kultureller und geistiger Hinsicht.

3. Diese mannigfaltigen Aspekte der Überlegenheit *erklären und legitimieren die Herrschaft und die Privilegien* der höherstehenden Gruppen.

Nun fällt selbst bei oberflächlicher Betrachtung sogleich die Schwäche der einzelnen Behauptungen und Ableitungen wie auch die Unzulässigkeit der Schlußfolgerungen auf.

Allein schon der Begriff der Rasse stürzt uns in Verwirrung. Historisch betrachtet stammt er aus der Landwirtschaft, wo die Nutzleistung des Hausviehs durch geeignete Zuchtverfahren verbessert werden sollte. Im übrigen ist hier Darwin zu nennen, der von der künstlichen Zuchtwahl ausging, um sich eine Vorstellung vom natürlichen Ausleseprozeß machen zu können. Was die Reinheit angeht, so handelt es sich um eine Übereinkunft, die den genannten Vorhaben der Züchter entsprungen ist. In deren Praxis geht es offensichtlich weder um eine absolute Reinheit noch um eine Rückkehr zur Vergangenheit – wo würde diese überhaupt anfangen? –, sondern vielmehr um ein zukunftsgerichtetes Projekt, um die Stabilisierung eines ausgewählten Zuchtergebnisses. Die »reinen« Rassen sind vom Menschen künstlich festgelegte Linien, die bestimmte vorgegebene Aufgaben besonders gut erfüllen können; sie unterscheiden sich im Hinblick auf ihre spezifischen Leistungsfähigkeiten, aber nicht durch eine ausschließlich biologische Reinheit. Zur besten »Rasse« bei den Pferden gehören im einen Fall die Rennpferde und im anderen die Zugpferde: Von höchst unterschiedlichem Körperbau, sind der Holsteiner und das Vollblutpferd für die ihnen zugedachten Aufgaben jeweils die besten. Sobald man diese Erkentnnis auf den Menschen anwendet, wird nicht mehr deutlich, was das alles bedeuten soll. Von ganz seltenen Fällen wie z. B. dem königlichen Inzest abgesehen, hat es eine solche bewußte Selektion nie gegeben. Bis heute hat noch keiner die Absicht gehegt, die Massen durch Züchtung umzuwandeln. Jedenfalls ist eine derartige Zuchtwahl bislang noch nicht einmal durch Zufall zustande gekommen. Es sind kaum Völker oder Stämme bekannt, die so isoliert gelebt haben, daß sie sich nie mit Angehörigen fremder Kulturen vermischt hätten. Der Zwang zum Überleben und die Erfordernisse des Krieges haben zu einer fortwährenden Mischung der Rassen geführt, so daß die menschlichen Lebensgemeinschaften keineswegs unter sich geblieben sind, sondern sich fortwährend im Kontakt mit anderen fortentwickelt haben. Selbst jene Herrscherfamilien, die eine Endogamie anstrebten, waren nicht vor unehelichen Nachkommen sicher, und wie man heute weiß, konnten auch die Harems trotz schärfster Bewachung nie ganz zuverlässig geschützt werden. Auch wenn man einmal annimmt, daß es in einigen Fällen so etwas wie eine Reinheit des Blutes oder der Rasse gegeben hat, so ist dies jedenfalls nicht für die gesamte Menschheit charakteristisch. In Wirklichkeit ist der Begriff der Reinheit — einmal abgesehen von seiner Bedeutung in der Chemie — *eine Metapher, ein Wunschgebilde oder ein Gegenstand der Phantasie*, in der sich alles aus dem Streben nach Vollkommenheit ergibt.

Soll damit gesagt sein, daß es keine biologischen Unterschiede zwischen den Menschen gibt? Keineswegs! Die Anhänger des Rassismus verfolgen bis heute leidenschaftlich jede wissenschaftliche Neuigkeit, die geeignet ist, ihre Position zu verbessern. Dennoch hat es den Anschein, als wäre auf diesem Gebiet bereits alles gesagt. Man spricht gegenwärtig einmal mehr von rassistischen Rechtsparteien, aber was an diesen »neuen« Rechtsbewegungen auffällt, ist nicht ihre Originalität, sondern ihr betagtes Alter. Die Wahrheit ist relativ einfach: *Es gibt zwar keine reinen Rassen, aber die Menschen sind trotzdem verschieden.*

Es bedarf keiner Beweise, um diese Unterschiede zu belegen, denen man überall auf der Straße begegnet. In einem Kaufhaus oder in der Bahn trifft man Menschen mit blonden, schwarzen oder roten Haaren, mit gelblicher oder mit rötlicher Hautfarbe, ihre Augen sind blau, braun, grün oder grau, ihr Mund, ihre Nase ist unterschiedlich geformt... Sollen wir die Aufzählung dieser Unterschiede fortsetzen, die sich sogar innerhalb einer einzigen Stadt beobachten lassen? Und wieviel mehr noch gilt das für ein Land, für ganz Europa oder die übrigen Erdteile? Zugleich wird jedoch deutlich, daß alle Individuen eines bestimmten Typs, sofern man solche Typen dingfest machen könnte, deshalb keineswegs eine *soziale Gruppe* bilden, die sich von den übrigen unterschiede. Jedes biologische Merkmal ist zufällig über Nationen, Volksgruppen und gesellschaftliche Klassen verteilt, was bedeutet, daß innerhalb und zwischen den Gruppen die unterschiedlichsten Menschentypen anzutreffen sind, wenn auch zugegebenermaßen zu ungleich großen Anteilen; genauer, man findet alle diese Merkmale auf die unterschiedlichste Art und Weise miteinander verknüpft. Woraus für uns folgt, daß bei aller tatsächlichen Verschiedenheit zwischen den Menschen keine Gruppe diese oder jene Merkmalskonstellation ausschließlich für sich in Anspruch nehmen kann.

Das heißt allerdings nicht, daß es keine regional vorherrschenden Merkmalskonstellationen gibt, aber diese sind *relativ*. Im Verhältnis zu den Europäern sind die Afrikaner insgesamt hinsichtlich ihrer Haut, ihrer Haare und Augen dunkler; wenn man jedoch die Bewohner beider Kontinente für sich betrachtet, werden wiederum zahlreiche Unterschiede erkennbar. Bei den Europäern sind die Bewohner des Mittelmeerraums aufs ganze gesehen dunkler als die des Nordens, und dennoch: Welche Vielfalt ist in einer Menschenmenge der Provence zu beobachten! Wer den afrikanischen Kontinent durchreist, der begegnet einer außergewöhnlichen Palette von Hautfarben und nicht einfach nur »Schwarzen«. Zwischen fast weißen und tiefschwarzen Afrikanern trifft man auf sämtliche Zwischentöne, von den blassen, rundlichen Händlern der tunesischen oder marokkanischen Souks über die zierlichen Pygmäen bis zu den hochgewachsenen, extrem schlanken und schwarzen Massai Kenias.

Daneben macht sich etwas bemerkbar, das man als *Spektraleffekt* bezeichnen könnte: Mit zunehmender Bandbreite treten einzelne Merkmale immer deutlicher hervor, obwohl es keine scharfen Trennlinien gibt. Wie bei einem Farbspektrum durchläuft man von einer Gruppe zur anderen sämtliche Abstufungen oder Schattierungen. Hier und da mögen die Unterschiede ausgeprägter erscheinen: Eine jüdische, maghrebinische, korsische oder russische Menge, die in einem Pariser Theaterfoyer zusammensteht, mögen wir als solche erkennen, aber *was* erkennen wir eigentlich an ihr? Eine nordafrikanische, korsische oder russische *Rasse*? Eine jüdische *Rasse*? Oder einfach ein Phänomen der ethnischen oder soziokulturellen Konzentration[1], durch die die relativen Unterschiede gegenüber den übrigen französischen Gruppen gebündelt und hervorgehoben werden: Unterschiede der Kleidung, der Sprechweise, im Gebaren usw.? Eine Ansammlung von Bretonen, Elsässern oder Provençalen würde denselben Eindruck erwecken: Müßte man deshalb von bretonischer, elsässischer oder provençalischer *Rasse* sprechen? Und selbst dort wird man bei näherer Betrachtung beispielsweise einer Gruppe von Juden alle möglichen Spielarten feststellen: Menschen der unterschiedlichsten Herkunftsländer in Europa, Nordafrika, im Nahen Osten etc. Und wenn man weiter jede einzelne dieser Gruppen ebenfalls genauer untersucht, so stößt man wiederum in jedem Einzelfall auf dieselbe Komplexität der Merkmale. Kurz, ich wiederhole mich: *Es ist unmöglich, eine soziale Gruppe mit einer biologischen Konstellation zur Deckung zu bringen.* Es sind unsere übelwollende oder ängstliche Bequemlichkeit und unsere intellektuelle Kurzsichtigkeit, häufig bedingt durch Distanz, die uns dazu bringen, »die Araber«, »die Chinesen« oder »die Amerikaner« zu *stereotypisieren*, während sie in Wirklichkeit ein mannigfaltiges und buntes Bild bieten. Es genügt uns, sie als Menschen zu charakterisieren, die »nicht wie wir«, die »keine von uns« sind, d. h., sie im Vergleich zu uns und nicht im Rahmen ihres eigenen Daseins zu sehen.

Damit soll nun ebenfalls nicht gesagt sein, daß es keine *Kulturgemeinschaften* gebe. Aber innerhalb dieser Gemeinschaften und zwischen ihnen begegnen wir ganz generell immer wieder demselben Spektraleffekt. Wir werden darauf noch zurückkommen. In jedem Fall widerlegen die Geschichte und die Soziologie jede vereinfachende Biologie. Frankreich, ein reiches und leicht zugängliches Land, war seit jeher das Ziel von Einwanderern aus aller Herren Länder. Den Neuankömmlingen ist es zumeist gelungen, sich aller Abwehr der einheimischen Bevölkerung zum Trotz dort niederzulassen: Sarazenen im Süden, Germanen im Osten und Norden, Wikinger im Westen usw. Alle diese Menschen haben ihren Beitrag zum gemeinsamen genetischen Material geleistet. Lange Zeit waren die Mittelmeerländer in einem fortwährenden Prozeß der Vermischung begriffen. Spanien und Portugal waren jahrhundertelang von Mauren besetzt; die Bevölkerungen Italiens oder Griechenlands sind das Resultat eines immerwährenden Kommens und Gehens zwischen dem Norden und dem Süden; Korsika wurde meines Wissens nicht weniger als 17mal von Eroberern heimgesucht! Und wie sieht es mit unserer eigenen Gegenwart aus? Der Bedarf an Arbeitskräften zieht in Europa mindestens ebensoviele Menschen an wie durch Invasionen hierhergekommen sind, und diesmal kommen sie mit dem Segen der Regierungen, wenngleich nicht immer mit dem der Regierten. In Frankreich leben vier Millionen Ausländer (offizielle Mindestzahl), die aus dem Maghreb, aus Schwarzafrika, Jugoslawien, Portugal, Spanien oder Italien stammen; sie sind lediglich die Nachfolger früherer Einwanderungswellen: Polen, Russen, Deutsche oder Armenier. Ganz zu schweigen von den Binnenwanderungen: Wie man sagt, sind die wenigsten Einwohner von Paris auch in dieser Stadt geboren. (Überhaupt, was macht eigentlich den Pariser aus?) In der Schweiz kommt gegenwärtig auf sechs gebürtige Schweizer ein Ausländer. (Und was besagt es schon, in der Schweiz *geboren* zu sein?) Die Bundesrepublik Deutschland hat die Türken ins Land gerufen, die von ihr mittlerweile wieder zur Rückkehr in ihre Heimat gedrängt werden. Und was sind die Vereinigten Staaten oder Kanada heute anderes als ein Konglomerat von Völkern und Kulturen, vielleicht in Erwartung von Homogenisierungsprozessen, die auf sich warten lassen? Was wird aus Asien nach den jüngsten Umwälzungen? Kann man denn ernsthaft von *einem* China, *einem* Indien sprechen? ... Beenden wir diese augenfällige und ermüdende Aufzählung.

Es blieb uns jedoch nichts anderes übrig, als all dies einmal mehr in Erinnerung zu rufen, da sich der Rassist endlos wiederholt und stets seine Zuhörer findet; da die Köpfe des Ungeheuers immer wieder nachwachsen, müssen wir sie ihm auch immer wieder abschlagen. Seit kurzem glauben die Rassisten, eine neue Entdeckung für ihre Argumentation in Anspruch nehmen zu können: Die Analyse des menschlichen Blutes enthüllt die Existenz unleugbarer Unterschiede. Nur reichen diese bis auf die Ebene der einzelnen Individuen hinab, was sogleich alles ändert![2] Es hat sogar ganz im Gegenteil den Anschein, als würde die rassistische »Theorie« dadurch weiter zurückgeworfen: Jenes neue, unverwechselbare Kennzeichen nach dem Vorbild des Fingerabdrucks macht eine Kategorisierung nur noch schwieriger, da kein Individuum dem anderen gleicht. Diese bis in die kleinsten Fasern aufgespürten Unterschiede des Blutes eignen sich noch weniger für den Nachweis reiner und unterscheidbarer Rassen oder gar sozialer Gruppen. So bleiben wahrscheinlich sämtliche Zusammensetzungen des Blutes innerhalb der Gesamtheit aller menschlichen Gemeinschaften möglich. Das gilt im übrigen nicht nur für das Blut: Wie mir von einem meiner Freunde, einem hervorragenden Ophtalmologen, mitgeteilt wurde, ist die menschliche Iris in so hohem Grade individuell ausgeprägt, daß gezielt untersucht wird, ob deren besondere Beschaffenheit nicht ebenfalls als persönliches, unveränderliches

Kennzeichen dienen kann; und schließlich wird ja die Unverwechselbarkeit der menschlichen Stimme bereits für das elektronische Öffnen von Türen genutzt.

Unsere erste Schlußfolgerung bleibt bestehen: Von diesen seltenen und hypothetischen Fällen abgesehen, in denen eine vollkommene geographische oder gesellschaftliche Isolation zu einer biologischen Auslese geführt hat, *bildet sich die biologische Natur des Menschen bis heute im Rahmen fortwährender Vermischungsprozesse heraus.*

Die zweite Behauptung des Rassisten müßte von allein fallen, da sie auf der ersten aufbaut und diese nicht stichhaltig ist. Wenn der Begriff der reinen Rasse zweifelhaft ist, dann wird die Vorstellung von einer rassischen Überlegenheit im Namen dieser Reinheit sinnlos. Aber lassen wir uns nicht abhalten. Tun wir, als wäre das Argument gültig, und fragen wir uns, ob diese angeblichen und angeblich reinen Rassen anderen überlegen sind. Die Rassisten sollen sich nicht beklagen können, man habe sie nicht bis zu Ende angehört.

Auch hier sehen wir uns in Verwirrung gestürzt: Die vorgebrachten Tatsachen sind abermals zweifelhaft, und die Argumentation ist widersprüchlich. Warum sollte eine »reine« Rasse einer »unreinen« *überlegen* sein? Was bedeutet überhaupt eine biologische Überlegenheit? Und selbst wenn es auf alle diese Fragen vernünftige Antworten gäbe, warum sollte eine biologische Überlegenheit eine Überlegenheit auf anderen Gebieten zur Folge haben?

Nun gibt es nichts, das die Vermutung nahelegen würde, die homogenste oder gar absolut reine Rasse hätte die größten Vorteile, weder in den Zufällen der Geschichte noch bei irgendwelchen planvollen Vorhaben. Hier und da findet man vielleicht in den kollektiven Erinnerungen einen Hinweis auf einen berühmten Volksstamm, der vom Schicksal oder von

den Göttern begünstigt wurde: Es ist das Thema der Auser-
wähltheit, das entgegen einem weit verbreiteten Glauben
nicht nur bei den Juden zu finden ist. In jedem Fall reduziert
es sich niemals allein auf biologische Faktoren, weder bei den
Hebräern noch bei anderen Völkern. Die Franzosen halten
sich für das geistreichste und großzügigste Volk auf Erden,
die Deutschen für das sittlichste, die Italiener für das kunst-
sinnigste und die Juden für das Gott am nächsten stehende
Volk. Sofern es überhaupt ein biologisches Element gibt, so
ist es unbestimmt, bestenfalls symbolisch und häufig widersprüchlich: Die Haare des Simson waren das Zeichen männlicher Stärke, die Ferse des Achilles das Zeichen männlicher
Schwäche.

Die Reinheit ist noch zweifelhafter: Häufig sind die Helden zur Hälfte göttlichen Ursprungs, oder man schreibt ihnen je nach Bedarf ein Säugetier als Amme zu. In Wirklichkeit bewegen wir uns in den fruchtbaren Wassern der Einbildungskraft der Völker: der Sehnsucht nach einem Zeitalter
des Ruhmes im Gegensatz zum Mittelmaß des Alltags ...
oder der späten Huldigung an einen Eroberer, als einer Möglichkeit, die eigenen Unzulänglichkeiten zu entschuldigen.
Und wer wünschte sich nicht ein besseres Bild von sich
selbst? Alle diese Mythen sind durchsichtig, und ihr Zweck
liegt auf der Hand: Die Vergangenheit ist das Unterpfand der
Zukunft. Wir waren einmal groß, warum sollten wir es nicht
eines Tages wieder werden? Es würde ausreichen, daß wir es
verdient hätten: Die Ankunft oder die Wiederkehr des Messi-
as hängt von unserem sittlichen Streben ab. Man erkennt,
welcher Platz dabei der Biologie zugewiesen wird: Diese
Neugestaltung unserer selbst ließe sich zunächst durch eine
Kräftigung des Körpers in Angriff nehmen; die Seele würde
nachfolgen. Wir könnten systematisch lange Kerls mit Gar-
demaß fabrizieren, die allen Strapazen gewachsen und zu je-

der kühnen Tat fähig wären. Wenn wir diese zudem noch mit federgeschmückten Mützen oder mit Käppis so hoch wie Kaminrohre ausstaffierten, was für eine prächtige Armee würden wir da kommandieren, so stark an Kämpfern wie wir nur wollten! Welcher Eroberer, welcher Staatsmann hätte nicht von einer solchen furchtbaren und unbesiegbaren Kriegerschar geträumt, einer Elitetruppe von Prätorianern, Milizsoldaten, Garden, Haudegen oder Fallschirmjägern, kraft derer er dem Volk sein Gesetz aufzwingen könnte? Die Nazis haben diesen politisch-militärischen Traum lediglich wiederaufgegriffen. Ihre Vorgänger, die über keine Methoden der biologischen Manipulation verfügten, gingen einfach auf den Markt: Sie kauften die auffälligsten Männer und die verführerischsten Frauen oder stellten sie in ihren Dienst. In der Überzeugung, endlich das passende biologische Werkzeug in Händen zu halten, gingen die Nazis an den Aufbau regelrechter Gestüte: Auswahl geeigneter Männer und Frauen, besondere Aufzucht der Säuglinge und deren Erziehung oder Dressur im Interesse der Machthaber. Diese Erfahrung hat keine eindeutigen Schlüsse zugelassen, aber gerechterweise sollten wir hinzufügen, daß sie auch nur von kurzer Dauer war. Noch scheint dieses Wahnbild nicht verblaßt: Man spricht bereits wieder davon, mit den Methoden der neuesten Technologie unendlich viele, identische Individuen nach Maß herzustellen, absolut perfekte Kopien. Aber der Einwand bleibt derselbe: Warum sollten biologisch ähnliche Wesen mit kontrolliertem und veredeltem Erbgut überlegen sein? Und vor allem, welcher Art wäre diese Überlegenheit? Ein biologischer Roboter könnte bestimmte Aufgaben vielleicht effizienter erledigen. Aber welche Effizienz streben wir an? Wollen wir durch ihre Spezialisierung überlegene Roboter, oder wollen wir Menschen, die immer menschlicher werden, selbst um den Preis bestimmter physischer Schwächen? Ist unser Ideal vom Mann und von der Frau das der körperlichen Stärke oder der geistigen Kraft? Der Sensibilität oder der Funktionalität?

Im übrigen hat die Natur schon lange vor den Experimentatoren selbst eine Antwort gegeben: Alle, die abseits von der Geschichte der Menschheit gelebt haben, ihren Roheiten und Vergewaltigungen, ihren Schüben der Völkervermischung und ihren unvermeidlichen Osmosen entgangen sind, hatten von dieser Isolierung nicht nur keinen Vorteil, sondern sind gleich Pflanzen ohne Sonnenlicht verkümmert und eingegangen. Der »gute Wilde«, bevorzugter Mythos der Utopisten des 17. Jahrhunderts, hat zum kollektiven Erbe weder biologisch noch kulturell etwas Besseres beizusteuern. Bekanntlich sind die Bauern, die sich ja am besten vor den Vermischungsprozessen der Städte schützen, gegen Krankheiten weniger resistent als die Stadtbewohner. Die Endogamie war noch nie eine Garantie für körperliche Gesundheit. Man zitiert immer wieder das Beispiel der Juden, eines zu allen Zeiten widerstandsfähigen und kulturell blühenden Volkes: Das ist eine Scheinendogamie, wie so häufig. Was die Juden gerettet hat, war nicht ihre angebliche Isolierung, sondern paradoxerweise ihre bewegte Geschichte, die aus ihnen eines der ausgeprägtesten Mischvölker der Erde gemacht hat. Es gibt kein einziges anatomisches Merkmal, das nur den Juden eigentümlich und ihnen allen gemeinsam wäre.[3] Die US-Amerikaner, eine Nation von Mischlingen, lassen sich in der Schönheit ihrer Kinder, der Kreativität ihrer Wissenschaftler und den Fähigkeiten ihrer Ingenieure und Manager von niemandem übertreffen.

Einmal mehr ist hier die Rede von Begriffen, die nur scheinbar klar sind – der der biologischen Überlegenheit ist alles andere als eindeutig. Geht es dabei um körperliche Kraft und

Gesundheit? Um Geschicklichkeit und Präzision der Handarbeit? Um Anmut und Charme? Und selbst wenn wir einmal annehmen, es gäbe eine biologische Überlegenheit an sich, so beweist nichts, daß diese etwa in besonderen, z. B. psychischen oder geistigen Fähigkeiten zum Ausdruck kommt. Weder Gesundheit noch Schönheit ziehen automatisch Intelligenz, Erhabenheit der Gefühle, eine künstlerische Begabung und eine überragende Geistigkeit wie eine prunkvolle und bunt gemusterte Schleppe hinter sich her. Wenn Muskelkraft oder persönliche Ausstrahlung eine Garantie für die beste Lenkung der öffentlichen Angelegenheiten wäre, dann hätten wir an der Spitze der Staaten weit mehr Athleten oder Schönheitsköniginnen erleben müssen. Wenn wir andererseits auch nicht behaupten wollen, alle Sportler seien weniger intelligent, da auch das eine Diskriminierung wäre, so können wir doch so viel sagen, daß der umgekehrte Zusammenhang sich ebensowenig aufdrängt. Man mag es bedauerlich finden, daß die Gelehrten, die Mystiker und die Ästheten so häufig ein Bild der Gebrechlichkeit und der Gleichgültigkeit gegenüber äußerer Schönheit bieten, aber das steht auf einem anderen Blatt. Auch eine psychologische Überlegenheit ist nichts anderes als eine gelungene funktionelle Anpassung an eine gegebene Aufgabe. Und auch hier sind die Überlegenheiten unterschiedlicher Art. Sofern die Biologie überhaupt eine Rolle spielt, ist sie nur ein Glied in einer komplexen Gleichung, und nichts spricht dafür, daß sie das entscheidende wäre. Von welcher Seite man es auch betrachtet, der biologische Rassismus erweist sich als unhaltbar. Von daher wird verständlich, daß der Rassist in seinem Bemühen, die Richtigkeit seiner Sache zu beweisen, immer wieder das Register wechselt: Die ständige Erweiterung der Argumente ist eine Flucht. Der Wechsel von der Biologie zur Psychologie und zu weiteren Ebenen kann ihn auch nicht retten.

Und wie sieht es schließlich mit dem dritten Schritt seiner Beweisführung aus? Dessen Argumente müßten ebenso in sich zusammenfallen wie die vorangegangenen, da sie auf diesen aufbauen. Wenn die Existenz reiner Rassen zweifelhaft und eine biologische Überlegenheit gleich welcher Art nicht nachzuweisen ist, läßt sich daraus auch keine andere Überlegenheit ableiten. Aber, wie schon zuvor, räumen wir all dies ein ..., um alsbald festzustellen, daß wir auch hier nicht weiterkommen. Überall geraten wir in denselben Treibsand: Warum soll jemand seiner physischen oder psychischen Konstitution wegen gesellschaftliche Vorteile *verdienen*? Warum sollte eine wie immer geartete natürliche Überlegenheit jemandem ein *Recht* auf besondere Belohnungen verleihen?

Selbstverständlich kann man dergleichen per Beschluß festlegen, und gelegentlich geschieht dies auch: Manche sind geneigt, körperliche Kraft, Jugend oder Schönheit zu bevorzugen. Aber dabei handelt es sich um geschaffene Tatsachen, während der Rassist von Recht spricht. Körperliche Eigenschaften sind im Kampf um Macht, Ansehen oder Geld nicht immer belanglos. Die Frauen, die nur selten über die Waffen eines Mannes gebieten, wissen das sehr wohl. Es gibt Volksstämme, die nach dem Vorbild der Tiere den Anführer aus den kräftigsten oder schnellsten ihrer Männer auswählen oder denjenigen zum Häuptling machen, der ein ungewöhnliches Körpermerkmal aufweist. Auf eine unerwartete Weise hat das Fernsehen heute die Nachfolge dieses archaischen Verhaltens angetreten: Seit seiner Verbreitung sind Charme und Geschlecht für den Erfolg von Politikern ausschlaggebend. Ein schielender oder buckliger Kandidat hat wahrscheinlich vergleichsweise geringe Chancen beim Wahlvolk. Aber das ist weder eine Regel noch eine Zwangsläufigkeit und schon gar kein moralischer Imperativ! Wenn man sich die zu Beginn unseres Jahrhunderts gedrehten Filme ansieht, so ist man überrascht vom häßlichen Äußeren der aufgedunsenen, dickbäuchigen oder schwächlichen Politiker, deren Bewegungen auf der Leinwand recht komisch wirken. Man braucht kein Historiker zu sein, um zu entdecken, daß das Argument der Biologie im allgemeinen ein Alibi ist, das gegen den Strich gelesen werden muß. Bestimmte Herrscherfamilien wollen ihre Vorherrschaft mit ihrer biologischen Besonderheit erklären: Sie seien von der Natur oder vom Himmel auserwählt, ihre Funktionen auszuüben. Liegt es nicht auf der Hand, daß es ihnen vor allem darum geht, ihre Privilegien zu legitimieren, indem sie sich auf natürliche oder göttliche Garantien berufen? Wieviele Dynastien hatten einen Abenteurer, einen intriganten Minister oder einfach einen Strolch zum Gründer? Wieviele Imperien verdanken ihre Entstehung dem Gewaltstreich eines Usurpators? Die Biologie hat wahrlich einen breiten Rücken, genauer gesagt einen harten Buckel: In Ermangelung historischer und erst recht moralischer Argumente scheint sie eine bewährte, unanfechtbare, weil augenfällige »natürliche« Basis zu liefern.

Beweis: Wo es keine wirklichen biologischen Unterschiede gibt, muß man sie erfinden. Bekanntlich galt früher das Blut adliger Familien als blau, und den Königen von Frankreich sagte man nach, sie könnten die Skrofeln heilen. Ebensogut hätte man beschließen können, die besten Vertreter der menschlichen Art, die prädestiniert seien, die Geschicke der Völker zu lenken, seien die Rothaarigen oder die Albinos – diese Merkmale sind wenigstens real. Aber niemand hat je zu behaupten gewagt, Rothaarigkeit sei ein Zeichen besonderer psychologischer Fähigkeiten oder gehe mit einem unsichtbaren goldenen Glorienschein einher, deute auf eine außergewöhnliche Seele und bestimme den Träger für ein erhabenes Schicksal.

So bleibt also an dieser Legende kein einziges Körnchen

Wahrheit? Doch, denn das Problem des Verdienstes besteht nach wie vor. Kein Zweifel, daß die Völker ihr Geschick den Besten anvertrauen wollen und diese mit materiellen Gütern oder subtileren Gaben belohnen. Aber der Rassist wünscht gerade das Gegenteil: Nach seinem Willen sollen die Besonderheiten und Vorteile von Geburt an einigen wenigen zukommen, die sich selbst zu den Besten erklären. Er ist der Vorkämpfer der Privilegierten, die ihre Vorrechte a priori genießen, aufgrund eines vorher festgelegten biologischen oder geistigen Merkmals. Aber ein solcher Vorzug ist keine zeitlose und abstrakte Gegebenheit und schon gar keine biologische: Hannibal war einäugig, Julius Cäsar epileptisch, und Napoleon litt unter Geschwüren und war klein von Statur. Alle drei besaßen eine überragende Intelligenz, aber nicht diese potentielle Überlegenheit an sich hat damals die Völker beeindruckt, sondern deren Einsatz im Dienst eines kollektiven Unternehmens. Verdienste müssen ... verdient werden, andernfalls sind sie letztlich nichts anderes als Privilegien.

Fassen wir zusammen: Es gibt kaum reine Rassen und auch keine biologisch homogenen Gruppen, und wenn es sie gäbe, dann wären sie nicht biologisch überlegen. Aber selbst wenn sie biologisch überlegen wären, wären sie nicht zwangsläufig auch besonders begabt oder kulturell höher entwickelt. Wären sie es dennoch, dann verliehe ihnen auch dies kein unantastbares Recht, mehr zu essen, besser zu wohnen und bequemer zu reisen als die anderen. Natürlich kann man all dies beschließen und erzwingen, aber dann kann auch keine Rede mehr von Gerechtigkeit und Gleichheit sein. Im übrigen läßt sich zumeist eher das Gegenteil beobachten: Es sind gar nicht die Erfinder oder die schöpferischen Menschen, die am meisten umworben werden. Kurzum, *die Argumentation des Rassisten beruht weder auf stichhaltigen Prämissen, noch*

wird sie widerspruchsfrei entwickelt oder ist in ihren Schluß-
folgerungen gerechtfertigt.

Der Rassismus erweist sich somit als extremer Biologismus und als elitäres Denken im Eigeninteresse; der erstere ist wissenschaftlich kaum ernst zu nehmen, und das letztere hat mit Wissenschaft überhaupt nichts zu tun.

Wir finden beim Rassisten eine Voreingenommenheit für die These einer biologischen Unveränderlichkeit, einer individuellen Vererbung von Merkmalen und einer generellen Konstanz der Arten, wie sie selbst von Wissenschaftlern, die solchen Erklärungsmustern besonders wohlwollend gegenüberstehen, nur mit Einschränkungen behauptet werden. Wir wollen den Anteil der Biologie weder bagatellisieren noch ganz außer acht lassen, aber die Menschen sind nicht weniger das Produkt ihrer jeweiligen Geschichte als das ihres vorväterlichen Erbes. Familienumwelt, schulische Erziehung, Kulturtraditionen, gesellschaftliches Umfeld, individuelle und kollektive Ereignisse und selbst − warum nicht? − klimatische Einflüsse, all dies wirkt zusammen und verleiht jedem sein persönliches Gepräge. Der Mensch ist das Ergebnis dieser komplexen Faktoren, bei denen genetisches Erbgut und Kultur im weitesten Sinne zusammenwirken. Die angebliche Reinheit des einen oder die ausschließliche Wirkung der anderen sind Abstraktionen, die sich einer falschen Wissenschaftlichkeit oder einer mystifizierenden Ideologie verdanken.

Das Elitedenken hingegen hat mit Wissenschaft nichts zu tun: Es braucht sie noch nicht einmal. Einzig aus dem Grund, sich einen seriösen und rationalen Anstrich zu geben, bezieht es sich auf die Wissenschaften vom Menschen, die Biologie, Psychologie, Soziologie oder Geschichte. In Wirklichkeit handelt es sich dabei um eine spontan oder bewußt getroffene Wahl, die sich als solche nicht zu erkennen gibt, weil sie um ihre Glaubwürdigkeit fürchtet. Das elitäre Denken verrät zudem ein Bild vom Menschen und seinen Verhältnissen, in dem der Kampf gepriesen und verherrlicht, der Sieg des Stärkeren herbeigewünscht und begrüßt wird.

Man sieht, wie zweckmäßig es ist, die Verlierer von der Unabwendbarkeit ihrer Niederlage zu überzeugen. Der Rassismus versteht sich als Fatalismus der Gewalt; er ist in keinem Fall eine ethische Entscheidung.

Nach alledem gibt es also wahrlich nichts an der Argumentation des Rassisten, woran wir festhalten könnten, weder für die Vernunft noch für die Moral.

Sind wir damit am Ende angelangt? Man sollte es meinen und müßte dies auch feststellen. Wie wir jedoch gesehen haben, geht das nicht so einfach. Nach wie vor bemühen sich die Wissenschaftler verzweifelt, die Haltlosigkeit des Rassismus zu beweisen, indem sie die Schwäche seiner Hypothesen und die Illegitimität seiner Bestrebungen hervorheben. Nach wie vor vergeuden die militanten Antirassisten einen wertvollen Teil ihres dialektischen Erfindungsgeistes, um seine Argumentation zu bekämpfen und die Ungerechtigkeit seiner Behauptungen anzuprangern. Das Ergebnis ist immer wieder niederschmetternd. Statt zu verschwinden, scheint der Rassismus heute unausrottbarer denn je und gleicht dem Unkraut, dessen Wurzeln man vergeblich zu zerstören versucht; verkümmern sie an einigen Stellen, so sprießen sie an anderen wieder neu hervor. Wie kommt es, daß so viel wissenschaftlicher Geist und guter Wille nichts gegen den Rassismus ausrichten können? Soweit ich sehe, sind aus diesem Scheitern zwei wichtige Lehren zu ziehen.

Dem, was sie für eine *logische* Beweisführung halten, setzen die Wissenschaftler und die militanten Antirassisten eine andere logische Beweisführung entgegen. Aber *der Rassismus gehört nicht nur zur Ordnung der Vernunft*; sein eigentlicher Sinn liegt nicht in seiner scheinbaren Kohärenz. Es handelt sich vielmehr um eine ebenso wirkungsvolle wie naive Argumentation, die in ihrer Entstehung und Zielrichtung etwas anderes, außerhalb ihrer selbst, zur Triebkraft und Grundlage hat. Um den Rassismus zu verstehen, müssen wir uns fragen, worauf diese Argumentation abzielt und von wo sie ihren Ausgang nimmt.[4] Hinzu kommt ein Zweites: *Der Rassismus ist keine Theorie, sondern eine Pseudotheorie*; wir müssen dieser ungeprüften Etikettierung ein Ende machen. Denn hier handelt es sich ganz offensichtlich um eine mythisierende und rationalisierende Projektion auf der Grundlage einer gelebten Erfahrung.

Daraus ergibt sich schließlich eine praktische Konsequenz: Wenn man auf den Rassismus einwirken will, dann genügt es nicht, die logische Widersprüchlichkeit eines so offensichtlich irrationalen Unternehmens anzuprangern oder den wissenschaftlichen Anspruch einer Beweisführung zu verspotten, die jede Vernunft vermissen läßt. Es reicht nicht aus, die formale Argumentation des Rassismus zu entkräften, sondern man muß die Gesamtheit der Gefühle und Überzeugungen freilegen, von der seine Argumente und seine Verhaltensweisen diktiert werden. Wir müssen zunächst diese Erfahrung beschreiben, um in ihr den Denkmechanismus, den sie hervorbringt, zu entdecken, bevor es uns möglich ist, geeignete Gegenmaßnahmen vorzuschlagen.

Der Rassismus ist eine gelebte Erfahrung

Über diesem pragmatischen Optimismus dürfen wir jedoch nicht in Illusionen verfallen. Es ist leichter, ein Argument zu bekämpfen als ein Gefühl; man widerlegt eher eine Denk- und Handlungsweise als eine Erfahrung. Daß der Rassismus seine Entstehung und seinen Fortbestand einer alltäglichen Erfahrung verdankt, darf uns jedoch nicht beruhigen. Seine Undurchsichtigkeit und seine Hartnäckigkeit werden im Gegenteil durch die Banalität seines Ursprungs noch verstärkt. Vermutlich erschreckt durch diese Allgegenwart des Rassismus, haben mir einige Autoren vorgeworfen, meine Definition sei zu weit gefaßt.[5] Ich werde darauf noch zurückkommen; vorläufig muß ich jedoch weiter darauf bestehen bleiben: Letztlich glaube ich noch immer, daß dies eine allgemeine und bedeutsame Erfahrung ist, denn sie lastet gerade wegen ihrer Frühzeitigkeit um so schwerer auf der Empfindsamkeit jedes einzelnen. Wahrscheinlich ist sie außerdem für jede menschliche und vielleicht sogar jede tierische Lebenswelt charakteristisch: *Immer, wenn jemand mit einem anderen oder einer Gruppe von Individuen in Berührung kommt, die anders sind als er oder die er kaum kennt, reagiert er auf eine Weise, die den Rassismus anklingen läßt.*

Diese Feststellung klingt verwirrend oder gar entmutigend. Was soll man denn dann dem Rassisten noch entgegnen? Man hört schon sein hämisches Lachen: Warum trifft ausgerechnet ihn ein Vorwurf, wenn das Übel so verbreitet ist? Demnach wären wir alle und für immer Rassisten? Nicht ganz. Wir sind fast alle in *Versuchung* durch den Rassismus, das stimmt. In uns ist ein Boden vorbereitet, die Saat des Rassismus aufzunehmen und sie auch keimen zu lassen, sofern wir uns nicht vorsehen. Wir laufen Gefahr, uns immer dann als Rassisten zu verhalten, wenn wir uns in unseren Privilegien, unseren Gütern oder unserer Sicherheit bedroht glauben. Wir verhalten uns als Rassisten, um ein Gleichgewicht wiederherzustellen, das wir für gefährdet oder verloren halten. Tatsächlich tritt diese Versuchung häufig ein, und der Rassismus ist sicherlich eine der am weitesten verbreiteten Reaktionen unter den Menschen. Es liegt an uns, ihr nicht zu erliegen; die Angst zu bannen, der in den meisten Fällen nur eingebildeten Bedrohung auf den Grund zu gehen, uns anders zu schützen als durch ein zerstörerisches Bild vom anderen. Aber es nützt sicherlich nichts, die Augen vor diesem Aspekt der menschlichen Wirklichkeit zu verschließen. Im Gegenteil, wir können nur dann auf Erfolg hoffen, wenn wir eine genaue Bestandsaufnahme dieses Phänomens vornehmen.

Ich habe bis zum Ende meiner Jugendzeit in einem Land gelebt, in dem ein Klima tiefen gegenseitigen Mißtrauens − um das mindeste zu sagen − zwischen Bevölkerungsgruppen herrschte, die ansonsten für ihre besonders liebenswürdige Art bekannt sind und unter klimatischen Bedingungen leben, die das menschliche Miteinander eigentlich begünstigen. Lediglich in der Religion, der Sprache und den Sitten waren wir mehr oder weniger verschieden, und unsere Interessen waren mehr oder weniger entgegengesetzt. Das Ergebnis: Jeder empfand gegenüber allen anderen, abgesehen von einem gewissen positiven Gefühl aufgrund einer langen Nachbarschaft, Mißtrauen, Furcht und Feindseligkeit, die sich in jeder Geste und jedem Satz äußerten und gelegentlich heftig durchbrachen, worunter dann die Schwächsten und Wehrlosesten zu leiden hatten. Als ich später Frankreich und das übrige Europa kennenlernte, fand ich kaum etwas, das dieser negativen Erfahrung widersprochen hätte. Zweifellos haben eine größere Homogenität der Bevölkerung, eine stärker ausgeprägte politische und soziale Gleichheit und die Übung der Demokratie die gegenseitigen Abneigungen gemildert, was einen Fortschritt bedeutet. Aber eine ängstliche oder ironische Verachtung gegenüber jedem Fremden, eine Neigung zur Abkapselung von der Außenwelt, das fast völlige Fehlen jeglicher Gastfreundschaft, ein außergewöhnlicher Hang zur Verschlossenheit, das systematische Verwischen sämtlicher Spuren bis hin zum fehlenden Namensschild auf der Wohnungstür und der getilgten Adresse in den Telefonbüchern, die häufig unbrauchbar gemacht wurden, ein Chauvinismus, der bei der geringsten Kleinigkeit auszubrechen drohte – dies alles zeigt, daß die aggressive Angst vor dem anderen stets latent vorhanden ist. Und es genügt, daß die – juristischen oder moralischen – Hemmungen sich abschwächen oder daß es wieder zu wirtschaftlichen Schwierigkeiten oder internationalen Spannungen kommt, um das versteckte Tier in jedem von uns zum Vorschein zu bringen, das die gewohnten verbrecherischen Gesten erkennen läßt: gesellschaftliche Isolierung, Aussperrung, Aufrufe zum Totschlag, Strafexpeditionen und die Zerstörung symbolischer Gegenstände und Stätten. Man hat erlebt, wie in Kriegszeiten eine plötzliche Feindseligkeit selbst gegenüber Flüchtlingen des eigenen Landes aufbrach, z. B. den unglücklichen Bewohnern von Elsaß-Lothringen, die einmal mehr als »boches« behandelt wurden, oder auch jenen Parisern, die sich nach Südfrankreich abgesetzt hatten. In einigen Jahren des Aufenthalts in Frankreich habe ich das ängstliche Mißtrauen gegenüber Zigeunern beobachtet, die feindselige Herablassung gegenüber Arbeitsimmigranten, den antiarabischen Rassismus, verstärkt durch Gewalttaten und Morde, sowie die periodisch wiederkehrenden antisemitischen Ausschreitungen, bei denen Synagogen in Brand gesteckt und Friedhöfe verwüstet wurden. Man erinnere sich an das berühmte »Gerücht von Orléans«, demzufolge eine organisierte Bande jüdischer Kleinhändler angeblich über längere Zeit ihre Kundinnen mit Chloroform betäubt und anschließend vergewaltigt hatte. Und noch vor kurzem gab es in Paris mörderische Bombenattentate gegen jüdische Institutionen und Studentenwohnheime.

Selbstverständlich gilt das alles nicht für alle Franzosen: Ich hüte mich, meinerseits in Verallgemeinerungen und Klischees zu verfallen. Dennoch finden sich die Rassisten in allen Gruppen, allen Klassen und allen ethnischen Gemeinschaften. Selbst auf der Linken existiert eine antisemitische Tradition; man kennt den Ausspruch von Toussenel: »Der Antisemitismus ist der Sozialismus der Dummen«. Aber ob dumm oder nicht, einige Menschen geben sich gleichzeitig als Sozialisten und als Antisemiten; das darf man nicht aus dem Auge verlieren, zumal, wenn man ihr Opfer ist. Im übrigen gibt es ja nicht nur Frankreich: Kein europäisches Land hat sich gänzlich aus diesen alten Alpträumen befreit. England stand im Ruf, das Land der Asylsuchenden schlechthin zu sein, aber es genügte, daß die Einwanderer exotisch und relativ zahlreich waren, um zu enthüllen, daß auch die Engländer von der allgemeinen Obsession befallen waren. In den Straßen Londons hat man auf Hindus und Schwarze Jagd gemacht. Nirgendwo in der Welt ist schließlich die Glut gänzlich erloschen, sie kann stets aufs neue wiederaufflammen. Muß man erst an die ungewöhnlich stark ausgeprägte, abgründig irrationale Schwarzenfeindlichkeit in den USA erinnern, an das Apartheidsystem Südafrikas, den zwischen den Bevölkerungsgruppen Brasiliens bestehenden Haß oder an den Antisemitismus in Argentinien? Die kommunistischen Länder sind auf den Gedanken gekommen, das schändliche Übel nicht beim Namen zu nennen, um vorzugeben, sie seien davon nicht befallen – der Rassismus ist schließlich verfassungswidrig, es genügte, wenn man daran dachte!

Das alles, ich wiederhole es noch einmal, ist lediglich ein Aspekt des gesellschaftlichen Lebens. Auch das Positive existiert und setzt sich durch, da dieses Leben möglich ist. Das Funktionieren jeder Gesellschaft setzt eine *gegenseitige Abhängigkeit* ihrer Mitglieder voraus.[6] Aber Angst, Feindseligkeit und Aggressivität machen sich im Umgang zwischen den Menschen eben auch bemerkbar. In jedem von uns kommt es gegenüber dem anderen zu positiven und negativen Reaktionen. *Der Rassismus ist eine Fehlfunktion in der Beziehung zum anderen*, aber er ist eine gleichsam vertraute Fehlfunktion. Man befrage die Leute aufs Geratewohl: Was empfinden sie bei der Berührung mit einem Fremden? Vor allem Mißtrauen, wenn nicht sogar Abneigung und Angst. Der Fremde, das ist jene eigenartige Pflanze hinter der nächsten Wegbiegung, deren Duft allein bereits giftig sein kann. Das Nahen eines Fremden bewirkt, daß sich einem die Haare sträuben, daß man je nach dem Grad der Unvertrautheit mit dem anderen eine mehr oder weniger stark ausgeprägte Lauerstellung einnimmt. Eine Begegnung mit noch so harmlosen Marsbewohnern würde panisches Entsetzen auslösen. Es sieht ganz danach aus, als gäbe es neben der Faszination des anderen zugleich eine Allergie gegen diesen. Steckt in dem Wort »Allergie« nicht das griechische *allos*, der andere, und *ergon*, die Gegenwirkung?

Wir müssen es uns also eingestehen, *der Unterschied beunruhigt*, denn der Unterschied, das ist das Unbekannte, und das Unbekannte erscheint uns voller Gefahren. Der Unterschied beunruhigt uns sogar in jenen seltenen Fällen, in denen er uns zugleich verführt. Freilich steht die Verführung auch nicht im Widerspruch zum Reiz der Furcht. Zweifellos beruhen die Verlockung des Unbekannten, die Reiselust, der

Hang zum Exotischen und auch der kulturelle oder kommerzielle Austausch auf dieser angenehmen Neugier; die »beunruhigende Fremdheit« kommt als Zutat zu diesem besonderen Genuß hinzu. Drücken wir es so aus, daß wir selbst im besten Fall Licht und Schatten nicht voneinander trennen können.

Man könnte meinen, die Beziehungen zwischen Eltern und Kind oder zwischen zwei Liebenden seien das Lauterste, was im zwischenmenschlichen Umgang existiert, und doch ist nichts weniger wahr als dies! Die mythischen Bilder von Kindestötungen finden sich in allzuvielen Kulturen wieder: Der Gott Chronos verschlang seine Kinder, Agamemnon war bereit, für günstige Winde seine Tochter zu opfern, Abraham willigte ein, seinen Sohn wie ein Opferlamm zu schlachten, bevor dieser im letzten Augenblick durch das Eingreifen Gottes gerettet wurde; zur Zeit der Verbannung in Ägypten wurden die Erstgeborenen getötet, ganz zu schweigen von den Tausenden verbrannter Kinderskelette in den punischen Gräbern, die bezeugen, daß der Appetit Baals kein reiner Mythos war; und war schließlich Jesus Christus nicht ebenfalls ein Sohn, der geopfert wurde? Und warum geben wir nicht zu, daß auch wir selbst unsere jungen Männer in den Tod schicken, sobald es heißt: »Das Vaterland ist in Gefahr«? Auch das Verhältnis zweier Liebender ist nicht frei von Grausamkeit. Es besteht kein Zweifel, daß die auf Frauen gerichteten Phantasien der Männer häufig aggressiv sind und selbst vor dem Totschlag nicht haltmachen. Unsere Träume, die klinischen Berichte und die Kulturschöpfungen sind voll von Vergewaltigungen und vom Blut verletzter und niedergemetzelter Frauen. Die Bedeutung des schrecklichen de Sade liegt hauptsächlich darin, daß er diese schändlichen Geheimnisse schonungslos enthüllt hat. Eine derart hartnäckige

Destruktivität entspringt fraglos der Furcht des Mannes vor der Frau. Zugegeben, die Liebesbeziehung ist gleichzeitg eine der reichsten und positivsten Beziehungen überhaupt. Dennoch kennt der Mann die Frau schlecht und versteht sie schlecht, weil sie anders ist als er. Allein schon biologisch ist die Frau eine Fremde, wenn nicht ein Ungeheuer mit Auswüchsen auf der Brust und einem Loch im Unterleib anstelle des männlichen Genitals. Sie ist zwar ein vertrautes und anziehendes Ungeheuer, zuweilen so faszinierend wie eine Katze, aber immer fremd. Die notwendige Defloration einer unberührten Frau ist ein gewaltsamer und aufwühlender Akt. Man kann verstehen, daß viele Männer darin nicht nur ihr Vergnügen finden, sondern auch ein Schuldgefühl davontragen, durch das ihre natürliche Aggressivität, die für die Erfüllung einer für die Gattung unabdingbaren Aufgabe unverzichtbar ist, nur noch verstärkt wird. Die Beziehungen des Mannes zum anderen Geschlecht beschränken sich im übrigen nicht auf seine Frau; er hat auch eine Mutter gehabt. Man vergißt über dem sorgenden Aspekt der Mütterlichkeit gern, daß die Mutter dem Kind auch Angst macht, und sei es nur aus pädagogischen Gründen. Hier liegen Angst und Groll wiederum nicht weit auseinander. (Nachdem ich diese Zeilen niedergeschrieben habe, kommt mir schmerzhaft zu Bewußtsein, daß ich das Verhältnis zwischen Mann und Frau einzig unter dem Blickwinkel des Mannes dargestellt habe! Quod erat demonstrandum. Das Bild muß also noch durch die andere Perspektive vervollständigt werden: Wie werden die anatomischen Unterschiede von der Frau erlebt? Die ständig drohende Möglichkeit einer Vergewaltigung am weiblichen Horizont! . . .)

Natürlich ist dies alles noch kein Rassismus. *Der Rassismus beginnt erst mit der Interpretation der Unterschiede;* von dort aus wird das Bild des anderen konstruiert, und von dort aus werden auch die Angriffe geführt. Fällt die Interpretation günstig, das Wunschbild angenehm aus, kommt es nicht zu einer Aggression, aber *ob angenehm oder unangenehm, man darf sich jedenfalls nicht darüber hinwegtäuschen, daß der Unterschied nicht neutral ist.*

Vor kurzem hat der Bürgermeister eines Seebads den Versuch unternommen, geistig Behinderten den Aufenthalt am Strand seiner Gemeinde zu untersagen und zwar mit der Begründung, ihr Anblick vertreibe die anderen Feriengäste. Dieses Vorgehen löste zu Recht einen Skandal aus: Der Bürgermeister hatte kein Recht, eine bestimmte Bevölkerungsgruppe von den Freuden eines Sonnenstrands am Meer auszuschließen. Aber obwohl er sich moralisch im Unrecht befand, hatte dieser ehrenwerte Stadtvater doch eine allgemeine Empfindung zum Ausdruck gebracht: Die körperlichen oder seelischen Unterschiede, Krankheiten des Körpers oder des Geistes können – selbst beim Pflegepersonal, das den Anblick gewöhnt ist – ein Unbehagen auslösen, das bis zur Angst reicht – auch wenn wir dies nur widerstrebend zugeben wollen. Es ist einfach eine Tatsache. Folgende kleine Szene hat jeder schon einmal erlebt: Läßt man vor den Augen eines Hundes eine Garnrolle, die an einem unsichtbaren Nylonfaden hängt, in der Luft pendeln, so zeigt das Tier die größte Beunruhigung gegenüber einem solchen, ihm unbekannten Phänomen.

Eine gemeinsame Erfahrung

Der Rassismus ist vor allem eine gelebte Erfahrung; aber er ist auch eine gemeinsame Erfahrung, die von sehr vielen geteilt wird, bevor man sie als ideale Maschine zur Zerstörung des anderen benutzt. Die Kolonisatoren sind häufig zugleich Rassisten, zugegeben, aber die Kolonisierten ebenfalls. Hier ist keine Erlösung möglich, die Sünde wird spontan auch von den Opfern begangen. Der gewöhnliche Rassist, der kleine Kolonisator, der in der Kolonie oder im Mutterland geborene Weiße mit geringer Bildung, er braucht nicht Gobineau oder *Mein Kampf* zu lesen, um den »Eingeborenen«, den Juden oder den eingewanderten Arbeiter zu verachten. Die Kolonisierten oder die Angehörigen von Minderheiten brauchten ihrerseits für ihre Fremdenfeindlichkeit weder Nachschlagewerke noch ihre traditionellen Bücher zu konsultieren, die ihnen vielmehr geboten hätten, dem Fremden mit Achtung zu begegnen. Es ist ein leichtes, die Mängel der anderen zu erkennen, vor allem, wenn sie auch noch den Fehler haben, mächtig, furchteinflößend und privilegiert zu sein. Weniger leicht fällt es, sie bei sich selbst und den Seinigen einzugestehen, vor allem dann, wenn diese die Opfer sind. Soll man ihre Leiden noch vermehren? Es ist dennoch notwendig: Dieses Bekenntnis muß jeder Heilung vorangehen, sofern es für diese überhaupt ein Mittel gibt. Weiße, Schwarze oder Gelbe, Araber, Juden oder Inder, die Mitglieder afrikanischer Familienclans, asiatischer Stämme und der verschiedensten Gemeinschaften, wir alle begegnen diesem diffusen Rassismus auf Schritt und Tritt, seit wir auf der Welt sind; wir haben ihn zusammen mit unseren ersten Pfannekuchen oder unseren ersten Krapfen in uns aufgenommen. Die Argumentationen, die Erklärungen und Widerlegungen, mit denen versucht wird, diese unheilvollen Wolken zu ordnen und ihnen eine Form zu geben, kommen später. In Tunesien hatten die Franzosen, Italiener, Malteser, Griechen, Spanier, Türken und Weißrussen, aber auch tunesische Mohammedaner und tunesische Juden, hatten wir alle unsere mehr oder weniger überzeugten Rassisten. In unterschiedlichem Maße, jeder

nach seiner Fasson, mit unterschiedlichen und häufig widersprüchlichen Argumenten, haben wir uns alle gegenseitig ver-
dächtigt, haben alle anderen abgelehnt und von vornherein
verurteilt, weil sie eben sie und wir eben wir waren. Es war
eine gemeinsame und wechselseitige Neigung, die zumeist
der eigenen Ohnmacht und dem Willen zur Macht entsprang.
Als Herrschender hatte es der aus dem Mutterland kommen-
de Kolonisator buchstäblich nötig, Rassist zu sein, um seine
Übermacht zu legitimieren. Um sein Leben, das er sich gar
nicht mehr anders vorstellen konnte, so wie bisher weiterfüh-
ren zu können, mußte er seine bedauernswerten Partner der
kolonialen Beziehung herabsetzen. Auch seine Angst, die
Angst jeder Minderheit, spielte dabei eine Rolle, obwohl die
Polizei und das Militär ihn schützten und eine allgegenwärti-
ge Metropole ihn stärkte. Der Rassismus der südafrikani-
schen Weißen enthält z. B. beide Elemente: die Selbstrechtfertigung durch die Beschuldigung des anderen und die Aus-
treibung der Angst vor dem anderen durch die Selbstbehauptung. Aber auch die Beherrschten hatten ihren eigenen Rassismus, weniger gegenüber den Europäern, von denen sie fasziniert waren, als vielmehr gegenüber anderen Gruppen, die
verletzlicher waren als sie und an die sie ihrerseits den Druck
weitergeben konnten, dem sie selbst ausgesetzt waren; so
z. B. die Juden, die es ihnen mit gleicher Münze heimzahlten,
da sie es ihrerseits ebenfalls nötig hatten, sich für ein so un-
dankbares Los Genugtuung zu verschaffen, oder die Sizilia-
ner, die Malteser...

Eine gesellschaftlich vermittelte Erfahrung

Daraus folgt schließlich, daß sich *der Rassismus erst in einem gesellschaftlichen Kontext voll entfaltet.* Man kann und muß diese allen Verhaltensweisen der Ablehnung gemeinsamen Mechanismen ins rechte Licht rücken, aber das kommt erst an zweiter Stelle. Der Rassismus ist weder reine Emotion noch ein reiner Begriff, ein abstraktes Resultat der Analyse. Als konkrete Erfahrung ist er ein Verhältnis zwischen zwei bestimmten Individuen, die in eine zerstörerische Auseinandersetzung verwickelt sind und jeweils einer eigenen Welt angehören. Obwohl er für sich ein gänzlich negatives Bild des anderen beansprucht, wie es durch den verzerrenden Nebel der Vorurteile erscheint, ist der Rassismus doch auch die Erfahrung des anderen, in dessen Unergründlichkeit und Reichtum. Zugleich ist er ein Konflikt zwischen zwei Zugehörigkeiten, welche die Vermittlungen und Verallgemeinerungen, die Bilder und die Argumente liefern, die die Ausreden und Mythen unterstützen und stärken. Alles in allem *ist der Rassismus eine kulturelle* – gesellschaftliche und geschichtliche – *Gegebenheit.*

Was mich angeht, so bin ich ihm zuerst im Kontext des Kolonialismus begegnet. In gewisser Hinsicht war das ein Glück, in demselben Sinne, in dem man von einer hübschen Wunde oder einem ordentlichen Geschwür spricht: Die Übertreibung erlaubt es, das Wesentliche der Krankheit besser zu erfassen. Ich konnte den Rassismus auf Schritt und Tritt antreffen, unverhüllt und ungeschminkt. Das hat mich zu unzweideutigen Entscheidungen gezwungen. Diese frühzeitige Vertrautheit, die danach nie wieder geschwunden ist, konnte auch für meine spätere Entwicklung nicht folgenlos bleiben. Der Held meines ersten Buchs, eines Romans, entdeckt den Rassismus und die Fremdenfeindlichkeit von Kindheit an, auf der Straße, in der Schule, in den Institutionen, ja selbst in den Zeitungen und in den kollektiven Vorstellungen. Das ganze Buch ist in diese diffuse Atmosphäre gehüllt, die durch einzelne Höhepunkte der Handlung akzentuiert wird. Und als ich zu theoretischeren Arbeiten überging, schien es mir zunehmend erforderlich, ein so häufiges und verbreitetes Phänomen näher zu untersuchen. Ich bin damit bis heute noch zu keinem Ende gekommen.

Rassismus und Kolonisation

Vielleicht habe ich mich etwas zu ausführlich über die mehr oder weniger bewußte Entstehung des Rassismus ausgelassen. Ich bin fest davon überzeugt, daß im Hin und Her der Vernunft zwischen den Tatsachen des Ausgangspunktes und denen des Ziels die gelebte Erfahrung der Prüfstein ist, ein Filter und ein Unterpfand; daß in der Wahrnehmung des Wirklichen nichts die Sensibilität zu ersetzen vermag. Aber ein begriffliches Verständnis der Wirklichkeit erscheint mir mindestens ebenso notwendig. Es nützte nichts, daß ich den alltäglichen Rassismus beim Bäcker, auf dem Schulweg oder im Gymnasium zu spüren bekam, es mußte erst das unaufhörliche Drängen einer historischen Krise hinzutreten, damit ich den Versuch unternahm, seinen Wirkungsmechanismen auf die Spur zu kommen. Dies betraf zugegebenermaßen vorerst nicht mehr als eine besondere Erfahrung in einem besonderen Land – ein Vorwurf, der mir bezüglich meiner ersten Arbeiten über den Kolonialismus gemacht worden ist. Aber ich sehe darin keine Widersprüche: Es gibt nur Sonderfälle, die man explizit darlegen, miteinander vergleichen und zu einer allgemeinen Interpretation zusammenführen muß. Wir können vielleicht sagen, daß jede Erfahrung eine besondere ist, die Wissenschaft jedoch erst beim Vergleich anfängt.

Jedenfalls erlebte ich bei meiner Rückkehr nach Tunesien, zu Beginn jener Ereignisse, die zur Unabhängigkeit dieses Landes führen sollten, ein Drama. Ich hegte Zuneigung und freundschaftliche Gefühle für Menschen in beiden Lagern; Kolonisatoren und Kolonisierte waren keine theoretischen Gestalten, sondern lebendige Männer und Frauen, mit denen ich täglich in Berührung kam, Eltern, Kollegen und ... ich selbst! Ich empfand das unstillbare Bedürfnis, die einen ebenso zu verstehen wie die anderen und sogar ihre Auffassungen zu billigen. Ich nahm mir vor, von beiden ein Doppelporträt zu zeichnen, das so wirklichkeitsgetreu wie nur möglich sein sollte. Das Resultat war ein Buch, *Der Kolonisator und der Kolonisierte. Zwei Porträts.*[7] Ihm ließ sich unter anderem entnehmen, bis zu welchem Grad wir aneinander gebunden waren, wie stark sich die Züge und Verhaltensweisen des einen auf die des anderen auswirkten, kurz, daß es ein Kolonialverhältnis gab, in das Kolonisator und Kolonisierter zwangsläufig einbezogen waren. Und im Verlauf dieser methodischen Beschreibung entdeckte ich, daß der Rassismus eine der unabdingbaren Dimensionen dieses Verhältnisses war. Diese Feststellung drängte sich mir um so mehr auf, als ich auf jedes lokale Kolorit, alles psychologische Beiwerk verzichtet hatte, um die strukturellen Züge der Kolonisation stärker hervortreten zu lassen: Der Rassismus bildete unleugbar einen Bestandteil jeder noch so vereinfachten Zeichnung. Zweifellos beschränkte er sich weder in der Kolonie noch anderswo auf den Kolonisator. In diesem Buch hatte ich, etwas weniger deutlich, auch den Rassismus der übrigen Bevölkerungsgruppen dargestellt. Aber der Rassismus der Araber, der Juden oder der Malteser war seinem Wesen nach nicht zwangsläufig an das Kolonialverhältnis gebunden; er entsprang anderen Ursachen, auf die ich noch zu sprechen kommen mußte. Demgegenüber ist der Kolonisator *als solcher* fast immer Rassist. Es ist hier nicht der Ort, noch einmal die Unterscheidungen aufzuführen, die ich zwischen verschiedenen Gruppen der Kolonisatoren getroffen habe, oder den guten Willen zu erwähnen, der sich bei manchen von ihnen zeigte. Ich wiederhole jedoch, daß es so gut wie kein Kolonialverhältnis gibt, bei dem der Rassismus gänzlich fehlt und nicht eng an dieses Verhältnis gekoppelt ist. Nach wie vor scheint mir die Schlußfolgerung berechtigt, daß *der Rassismus das Kolonialverhältnis veranschaulicht, komprimiert und symbolisiert.*

Bereits im selben Buch habe ich deshalb eine Analyse des Rassismus in drei Schritten vorgeschlagen:

Der Rassismus besteht in einer Hervorhebung von *Unterschieden*, in einer *Wertung* dieser Unterschiede und schließlich im Gebrauch dieser Wertung *im Interesse und zugunsten* des Anklägers. Aber wie schon bemerkt: Keine dieser Vorgehensweisen macht für sich allein schon den Rassismus aus. Viele Mißverständnisse und sinnlose Schuldgefühle in einem Bereich, in dem an ihnen wahrlich kein Mangel herrscht, hätten sich vermeiden lassen, wenn man berücksichtigt hätte, daß erst ihre Verknüpfung die eigentliche Gefahr bildet.

Das Hervorheben eines wie immer gearteten Unterschieds ist kein Rassismus, selbst dann nicht, wenn dieser Unterschied zweifelhaft ist. Das Hervorkehren eines nicht existierenden Unterschieds ist kein Vergehen, sondern ein Irrtum oder eine Dummheit. Noch weniger verwerflich ist es, auf einen Unterschied hinzuweisen, der tatsächlich existiert. Man hat sogar das Recht, dies für legitim zu halten; schließlich ist die

Neugier das Vorzimmer zur Erkenntnis. Die Erforschung der Unterschiede zwischen den Menschen bildet ja den Gegenstand selbst der anthropologischen Wissenschaft. Diese Disziplin unterteilt sich in eine biologische und eine Sozialanthropologie, worin man die Trennung zwischen biologischen und gesellschaftlichen Unterschieden wiedererkennt. Psychologie und Soziologie widmen sich ebenso dem Studium von Ähnlichkeiten wie von Unterschieden. Sollen wir deshalb alle Forscher der Wissenschaften vom Menschen des Rassismus verdächtigen? Kurz, *die Feststellung eines Unterschieds ist kein Rassismus, sondern eine Feststellung.* Aber diese Feststellung läßt sich für einen rassistischen Angriff nutzen. Das unterscheidende Merkmal kann für sich allein noch keine Beschuldigung rechtfertigen; seine abwertende Bedeutung gewinnt es erst dadurch, daß es in eine rassistische Argumentation eingefügt wird.

Auch die Bewertung eines Unterschieds zu unseren Gunsten ist noch kein ausreichender Beweis für rassistisches Denken. Räumen wir übrigens ein, daß dies eine recht verbreitete Neigung ist, auch wenn sie häufig ungerechtfertigt ist und von einer lächerlichen Eitelkeit zeugt. Unser Irrtum rührt daher, daß wir solche Unterschiede außerhalb ihres Kontextes erörtern, was unser Erstaunen und Unbehagen nur noch vermehrt und uns dazu bringt, unsere eigenen Merkmale und Gewohnheiten vorzuziehen. Als einer meiner Freunde von einer Reise in das Zentrum von Schwarzafrika zurückkehrt, schildert er mir seine Überraschung und Verwirrung angesichts dieser oder jener Verhaltensweise der Bevölkerung, die ihm völlig unverständlich erscheint. Zum Glück ist er ein gewissenhafter und sich selbst gegenüber mißtrauischer Mensch und sagt sich, daß es nur zwei Möglichkeiten gibt: Entweder gehören diese Menschen einer anderen, sprich minderwertigen »Rasse« an, oder er ist außerstande, ihre Verhaltensweisen zu interpretieren, weil ihm Informationen über die Gesamtheit ihrer Traditionen und ihrer Lebensweise fehlen. Die erste Annahme weist in die Richtung des Rassismus, weil sie die Schwarzen abwertet und die Weißen bevorzugt, die zweite hingegen nicht. Trotzdem bleibt in beiden Fällen das Erstaunen, das Befremden und, warum auch nicht, das Recht jedes einzelnen, sich am Ende dafür zu entscheiden, die eigene Lebensweise vorzuziehen, einfach weil er daran gewöhnt ist. Jeder hat das Recht, schwarze Augen gegenüber blauen, glatte Haare gegenüber krausen oder diese Form der Nase gegenüber jener zu bevorzugen. Der Versuch, ästhetische oder erotische Normen aufzustellen, wäre von vornherein zum Scheitern verurteilt und könnte höchstens zur Heuchelei führen. Das wäre ein Rassismus durch die Hintertür. Wir alle tragen in uns Vorbilder, die aus unserer Kindheit stammen, Widerspiegelungen der ersten Wesen, die sich über unsere Wiege gebeugt haben, Vater, Mutter und nahe Verwandte. Ohne Zweifel haben unsere frühesten Erfahrungen einen wesentlichen Einfluß auf unseren Geschmack, unsere Vorlieben und Abneigungen. Im übrigen sind auch hier die Zusammenhänge keineswegs einfacher Natur: Der eine zieht Blondinen vor, weil er dem mütterlichen Vorbild treu bleibt, während der andere aus Opposition zu den hellen Haaren der Mutter dunkles Haar bevorzugt, so wie der Sohn einer katholischen Familie vielleicht Kommunist oder Atheist wird, um sich den väterlichen Wertvorstellungen zu widersetzen. In solchem Verhalten liegt nichts Übertriebenes, das bekämpft werden oder das Schuldgefühle erzeugen müßte.

Man wird schließlich erst dann Rassist, wenn man auch den dritten Schritt tut: die Verwendung des Unterschieds gegen den anderen, mit dem Ziel, aus dieser Stigmatisierung einen Vorteil zu ziehen. Die Behauptung, dieses oder jenes kolonisierte Volk sei einem anderen in der technischen Entwicklung unterlegen, ist unabhängig vom Wahrheitsgehalt immer noch kein Rassismus. Man kann über sie streiten, sie beweisen oder widerlegen. Aber die Kolonisatoren begnügen sich nicht mit dieser Feststellung oder diesem Irrtum: Sie haben daraus für sich den Schluß gezogen, daß sie den Kolonisierten beherrschen können und müssen, und sie haben es getan. Sie haben ihre Anwesenheit in der Kolonie mit den Mängeln des Kolonisierten erklärt und gerechtfertigt. Es fehlt nur noch, daß man sich bei ihnen dafür bedanken muß, daß sie sich um das Heil ihrer minderwertigen Brüder bemüht und dafür aufgeopfert haben. Wenn es diese eigennützige Hervorhebung der Unterschiede nicht gegeben hätte, wäre die Kolonisation möglicherweise ein philanthropisches Unternehmen geworden, so aber war sie vor allem ein System des organisierten Diebstahls.

Diese drei Aspekte, ich wiederhole es, bilden ein Ganzes; und die Argumentation des Rassisten muß insbesondere im Hinblick auf ihre Schlußfolgerung, auf die die Prämissen ausgerichtet sind, verstanden werden. Im Rahmen der kolonialen Situation sprang dies jedenfalls unmittelbar ins Auge: Die gesamte Maschinerie, ob schamlos und unverhüllt zur Schau gestellt oder versteckt und nur angedeutet, geschmiert von Bestechungsgeldern, hatte mit ihrer Produktion von Worten und Gesten, administrativen Verlautbarungen und offiziellen politischen Verhaltensweisen nur den einen unbestreitbaren Zweck: die Legitimation und Verfestigung der Macht und der Privilegien der Kolonisatoren.

Die Betonung des Unterschieds

Nach diesen Ausführungen bleibt also festzuahlten, daß *der Unterschied der Angelpunkt der rassistischen Denk- und Handlungsweise ist*. Der Begriff ist heutzutage in Mode: Das »Recht auf den Unterschied« ist anerkanntermaßen zu einem Feldzeichen für zahlreiche Kämpfe zur Durchsetzung von Forderungen geworden. Die damit verbundenen überall aus dem Boden schießenden Parteinahmen und gelegentlich ans Lächerliche grenzenden Übertreibungen haben die Debatte nicht gerade einfacher gemacht.[8] Als einer der ersten Verantwortlichen für die Forderung nach Anerkennung des Unterschieds[9] möchte ich allerdings ein Mißverständnis ausräumen. Ich betone noch einmal, daß es weniger auf den Unterschied selbst ankommt als auf die Bedeutung, die ihm verliehen wird; andernfalls findet man sich plötzlich im Lager derer wieder, die man eigentlich bekämpfen wollte. Das muß ich näher erklären.

Als ich anfing, über diese Fragen nachzudenken, hatte der Unterschied noch keinen guten Namen, jedenfalls nicht in unseren, grob gesagt, antikolonialistischen und und antirassistischen Kreisen. Statt dessen wurde er von den Konservativen und den Anhängern der Kolonisation gepriesen und verteidigt. Die Gründe der einen wie der anderen schienen auf der Hand zu liegen. Für uns war das Bestehen auf Unterschieden suspekt, aus gutem Grund: Es ging sämtlichen Beschuldigungen voraus und bahnte allen Ungerechtigkeiten den Weg. Die Konservativen dagegen schlugen mit ihrer Verteidigung einer Gesellschaftsordnung, die angeblich auf eine natürliche Ordnung gegründet war, zwei Fliegen mit einer Klappe: Die dergestalt behaupteten Unterschiede fielen obendrein zu ihren Gunsten aus. Indem sie die Kolonisierten als Untermenschen betrachteten und behandelten, bekräftigten die Kolonisatoren zugleich die eigene Übermenschlichkeit. Der Unterschied bedeutete damit die Ungleichheit. Indem die biologische und kulturelle Ungleichheit zur wirtschaftlichen und politischen Ungleichheit, d. h. zur Herrschaft führte, konnten sie nach Gutdünken, sprich ihrem Profitinteresse gemäß verfahren. Dieselben Mechanismen greifen gegen die Schwarzen oder die Frauen zugunsten der Weißen oder der Männer. Es wäre von Nachteil – auch für sie selbst! –, den Schwarzen leitende Funktionen anzuvertrauen, weil dies ihrem biologischen und kulturellen Wesen widerspräche: Man muß solche Ämter ausschließlich Weißen übertragen, die von ihnen einen angemessenen Gebrauch machen werden, sogar im Interesse der »Eingeborenen«. Nicht anders verhält es sich mit den Frauen: Man muß sie schützen, sogar vor ihnen selbst. Die Legitimität der Herrschaft der Männer und der Weißen wird so auf die Illegitimität der Herrschaft der Frauen und der Schwarzen gegründet. Genauso wird, mit leichten Abwandlungen, gegenüber den Juden argumentiert: Der wirtschaftliche oder politische Erfolg eines Juden ist für jedermann eine Katastrophe, den Juden inbegriffen. Es wäre besser für ihn, im Interesse der Allgemeinheit darauf zu verzichten.

Im anderen Lager, dem unsrigen, hielt man unerschütterlich an der Ähnlichkeit der Menschen fest und stützte sich dabei auf eine weltliche Metaphysik: Es gibt eine einzige menschliche Natur unabhängig von Raum und Zeit. Die Gleichartigkeit mußte daher zur *natürlichen* Gleichheit führen: »Die Menschen werden frei und gleich ... geboren« – »an Rechten« freilich, wie der Gesetzgeber der Revolution eingeschränkt hat; diese Präzisierung ist wesentlich und wurde dennoch von uns kaum wahrgenommen. In unseren Augen mußte die natürliche Gleichheit zwingend zur gesellschaftlichen Gleichheit führen. Die Herrschaft, »die Ausbeutung des Menschen durch den Menschen«, war demnach ein Mißbrauch, der entschlossen bekämpft werden mußte.

Während mich nun einerseits die Argumentation unserer Gegner empörte, stürzte mich etwas in der Beweisführung meiner Freunde in Verwirrung. Sie behaupteten, Unterschiede gebe es nicht: Von dieser Prämisse aus wurde alles weitere schlüssig. Da die Menschen gleichartig waren, gab es nichts außer der Gewalt und der Ungerechtigkeit, das die gesellschaftliche Ungleichheit erklären konnte. Aber was, wenn sie sich mit der Prämisse irrten? Wenn es nun doch einen Unterschied gab, was würde dann aus ihrer Begründung und erst recht aus unserer ganzen Sozialphilosophie? Wären wir dann genötigt, uns den Ideen unserer Gegner anzuschließen, uns in ihre ungerechte, kolonialistische, rassistische Ordnung von Machos zu ergeben? (Von »Machos« sprach man damals allerdings noch nicht.) Dieser Schluß schien für uns undenkbar, auch wenn er logisch gewesen wäre. Wollte man ihn vermeiden, dann gab es nur einen Weg: die ernsthafte Überprüfung der Prämissen. Schließlich war das Ganze keine Meinungs-, sondern eine Wissensfrage: Gab es für die Wissenschaft biologische und andere Unterschiede oder nicht? A priori zu unterstellen, daß die Menschen gleichartig oder verschieden sind, ist eine Sache des Interesses, der Taktik oder der Leidenschaft. Allein die Tatsachen konnten endgültig der einen oder der anderen Seite recht geben oder, was noch verwirrender schien, bald der einen, bald der anderen: In bestimmten, aber nicht in allen Fällen kann es Unterschiede geben.

Wie ich bald zu meiner eigenen Überraschung entdeckte, hatten beide Seiten unrecht, unsere Gegner und meine Freunde. Im Grunde genommen unterstellten beide, daß *es schlecht sei, anders zu sein;* sie gingen implizit oder explizit davon aus, daß es ein Vorbild gebe und daß dieses gute Beispiel von den Herrschenden verkörpert würde. Für die einen wie für die anderen bedeutete Anderssein letztlich, anders als der Beherrscher zu sein. Selbst der französische Volksschullehrer, Atheist und Republikaner und ganz seinen »eingeborenen« Schülern ergeben, hielt sich für den Träger einer Mission, die darin bestand, kleine Franzosen heranzubilden nach seinem eigenen Bild, dem der Zivilisation, der guten Sitten, des Geschmacks und des richtigen Sprechens ... Französisch natürlich. (Als ich später selbst die »Metropole« kennenlernte, stellte ich fest, daß derselbe Lehrer, ein leidenschaftlicher Radikaldemokrat, gegenüber den Bauern seines eigenen Landes oder den Bretonen oder den Elsässern eine ähnliche Haltung einnahm. Das ist eine andere Geschichte? Wohl kaum.) Wir von unserer Seite aus mußten fügsam alles tun, um unseren Meistern ähnlich zu werden; übrigens waren wir damit einverstanden, selbst um den Preis einer tödlichen Weißwaschung unserer Seelen. Kurz und gut, wie alle scheinbar unlösbaren Probleme war dieses schlecht gestellt: von den Kolonisatoren, die an den Unterschieden festhielten, um damit die Kolonisierten niederzudrücken, und von den Antikolonialisten, welche die Unterschiede leugneten, um die Kolonisierten zu schützen. Als ich zu den großherzigen, aber blinden Klischees republikanischer Schule eine gewisse Distanz gewonnen hatte, begann ich die Wirklichkeit unmittelbar zu sehen und erkannte, daß die Unterschiede durchaus bestanden. O Wunder der Erziehung! Wie konnte ich so lange glauben, daß sie nicht existierten? Auf der Straße, im Bus oder auf dem Markt war die Menge so offensichtlich ein vielfältiges und buntes Völkergemisch! Natürlich gab dies keineswegs den Rassisten recht, denn die Mannigfaltigkeit fand sich auch innerhalb jeder einzelnen Gruppe wieder, die ihrige inbegriffen, und die Grenzen zwischen unseren Gemeinschaften verliefen nicht schnurgerade. Trotzdem waren wir unstreitig voneinander verschieden. Später, als ich an der Sorbonne studierte, konnte ich ein Lächeln nicht mehr unterdrücken, wenn meine Mitstudenten allen Ernstes behaupteten, es gebe keine Unterschiede zwischen den Menschen. Ich widersprach ihnen nicht, weil sie die reinsten Absichten hegten. Und schließlich brauchten sie wie ich nur mit den eigenen Augen hinzusehen statt mit dem Kopf: In ihrem eigenen Land Frankreich, in dem ich damals bereits leidenschaftlich gern gereist war, änderte sich die Bevölkerung je nach Region und Klima. Und im übrigen trugen sie eine durch nichts getrübte Hochherzigkeit in sich; auch bei ihnen entdeckte ich jene Mischung aus jakobinischer Kurzsichtigkeit und republikanischem Stolz, die in jedem aufrechten Franzosen nebeneinander wohnen, ein unvermutetes Erbe des Zentralismus des Ancien Régime. Die berühmte Devise, derzufolge Frankreich von 40 Königen gemacht und von »einem Gesetz, einem König, einer Treue« zusammengehalten wurde, galt, wenn auch in profanisierter Form, in der »einen und unteilbaren Republik« nach wie vor.

Etwa zur selben Zeit begannen sich die Intellektuellen auf verschiedenen Diskussionsveranstaltungen, die das Erwachen der kolonisierten Völker und die Zukunft des Kolonialismus zum Thema hatten, zu versammeln. An einigen dieser Begegnungen habe ich teilgenommen. Auf dem ersten »Kongreß der schwarzen Intellektuellen« vertrat ich bereits die Meinung, daß die Assimilation weitgehend gescheitert sei. Das lag nicht immer und auch nicht vor allem am Kolonisierten selbst, der sie zuerst gewünscht hatte, sondern daran, daß niemand wirklich etwas davon wissen wollte. Die Rechten nicht, weil sie es ablehnten, sich eine solche Horrorvision überhaupt nur vorzustellen, die für sie nur in eine Mischung des Blutes und der Rassen münden konnte, und weil sie außerdem wußten, daß sie dabei ihre Privilegien verlieren würden. Für die Linken andererseits war es undenkbar, daß man etwas anderes in Anspruch nehmen könnte, als ihnen zu gleichen: Sie hätten wohl einen freigeistigen, sozialistischen und internationalistischen Kolonisierten gewollt, aber keinen Mohammedaner, Fetischisten oder Juden! Kurz, keinen Kolonisierten in seiner Besonderheit und samt seinen Unterschieden. Was blieb da dem Kolonisierten (und überhaupt jedem Beherrschten, wie ich später gezeigt habe) anderes übrig, als sich selbst anzunehmen, da er von den anderen nicht angenommen wurde? Nachdem sein guter Wille als Bittsteller nur zu seiner Demütigung geführt hatte, mußte er desto mehr versuchen, sich zu sich selbst zu bekennen. Es gab keinen anderen Ausweg, und es war vernünftiger: Denn sich schamrot seinen besiegten Vorfahren zu verweigern, ihrer ungelenken Sprache und ihren scheinbar unsinnigen Sitten, das war unerträglich. Sobald der Beherrschte zu sprechen begann, gestand er seine schmerzhaften und vergeblichen Bemühungen ein: Die Perspektive des Herrschenden einzunehmen hieße zu akzeptieren, sich selbst mit dessen Augen zu sehen, seiner zerstörerischen Verachtung zuzustimmen. Um leben zu können, muß man sich behaupten. Kann man dies durch Identifikation nicht erreichen, muß man es durch seine Unterschiede tun. In einem neueren Buch bin ich noch einen Schritt weitergegangen und habe geschrieben: »Sein bedeutet Anderssein«.[10] Das eigene Anderssein zu behaupten wurde zur Grundbedingung jeder Selbstbehauptung, zur Fahne der individuellen oder kollektiven Rückeroberung des Selbst. So bekräftigte der Herrschende in einem ersten Schritt seine Verschiedenheit gegenüber dem Beherrschten, und in einem zweiten machte der Beherrschte seine Unterschiede gegenüber dem Herrschenden geltend. Ich habe diese zweite, symmetrische Bewegung als »Gegenausschlag des Pendels« bezeichnet.

Seit damals ist diese mittlerweile triviale Analyse von verschiedenen Seiten bestätigt worden. Sie hat uns allerdings viel Leid gekostet; sie war der Anlaß für leidenschaftliche Auseinandersetzungen, manchmal auch für innere Qualen und sogar Irrtümer. Ähnliches gilt im Hinblick auf den »Gegenausschlag des Pendels«: Nur in seltenen Fällen begnügt sich das Pendel bei der Rückwärtsbewegung damit, eine ungerechte Situation zu bereinigen. Getragen von der eigenen Wucht, geht das Pendel im allgemeinen über diesen Punkt hinaus, bis hin zu neuen Ungerechtigkeiten, z. B. der Enteignung der kleinen Kolonisatoren oder der Schikanen gegenüber Minderheiten, die nichts dafür können. Die Bestätigung des eigenen Selbst nimmt zuweilen mythische Ausmaße an: Den zerstörerischen Mythen der Vergangenheit stellt man nicht weniger übertriebene Gegenmythen entgegen. Noch der unbedeutendste Vorfahre wird zu einem legendären Helden und ein folkloristischer Tanz zum Gipfel der Kunst stilisiert. Nachdem ich um die Anerkennung der Unterschiede gekämpft hatte, galt und gilt mein Protest gleichermaßen den neuen Übertreibungen, die mit unseren ursprünglichen Forderungen überhaupt nichts zu tun hatten. Als ein Teilnehmer des ersten »Kongresses der schwarzen Intellektuellen« in den Worten Molières den stolzen Ausruf tat, »Lumpen, mag sein, aber Lumpen, die mir teuer sind!«, hatte er das Wort »Lumpen« bewußt gebraucht. Es war keine Überschätzung seiner Existenz als Schwarzer, wenn er sich von nun an weigerte, diese zu verachten. Heute lautet die Parole »Black is beautiful«, oder man ist stolz darauf, eine Frau, Jude oder Bretone zu sein. Dieser Stolz erscheint mir ebenso fragwürdig wie die Selbstentwertung von ehedem. Niemand braucht sich seiner Vergangenheit oder seiner Angehörigen zu schämen; sich anzunehmen bedeutet zugleich, seine persönliche und kollektive Geschichte anzunehmen. Aber muß man deshalb die Ablehnung des eigenen Selbst durch die Selbstüberschätzung ersetzen? Sich in übertriebener Weise selbst erhöhen, weil man sich so sehr selbst erniedrigt hat? Läuft man damit nicht Gefahr, dieselben Fehler zu begehen wie die Anhänger des Rassismus im Hinblick auf den Unterschied? Läuft man nicht Gefahr, sich alsbald gegen die anderen zu behaupten?

Dasselbe gilt für die gleichermaßen in Mode gekommenen verwandten Begriffe *Identität, Wurzeln* usw., die ebenso unscharf sind und sich vor allem einer fragwürdigen Beliebtheit erfreuen. Das alles ist nach einer so lange dauernden Unterdrückung erklärlich und wahrscheinlich notwendig, aber man muß sehen, zu welchen Torheiten dies am Ende führen kann – oder zurückführen, denn, Ironie der Geschichte, auch hier gehörten die ersten, die lauthals und überschwenglich von der kollektiven Identität und den Wurzeln gepredigt haben, zur Rechten. In ihrem Innersten war dies eine rückwärtsgerichtete und außerdem – wie so oft – eine inhaltlich höchst unklare Forderung. Die gemeinsame Vergangenheit ist weitgehend eine Fiktion; in den meisten Fällen ist sie weder gemeinsam noch wirklich eine Vergangenheit, sondern eine Erfindung, die irgendwelchen Interessen dient. Wem gemeinsam und wessen Vergangenheit? Die Antworten auf diese Fragen würden einige Überraschungen für uns bereithalten. Wer ist sich seiner vermuteten Vorfahren wirklich sicher? In diese ganze Verworrenheit müßte einmal Klarheit gebracht werden ... sofern man dies könnte und ernsthaft wollte, denn ich glaube kaum, daß viele Leute den Wunsch verspüren, sich in ihrer schönen historischen Gewißheit erschüttern zu lassen. Jedenfalls bedeutet Sein Verschiedensein, Anderssein, und deshalb ist jeder verschieden, und jeder ist anders; daraus folgt, daß die Selbstbehauptung per definitionem relativ ist. Welche Rolle der Unterschied bei diesem Weg der Heilung auch spielen mag, er könnte nie als Wert an sich

betrachtet werden. Hier ist es sinnlos, um den ersten Platz zu
kämpfen.

Der eigentliche Angriffspunkt gegen die Rassisten — man
muß es stets aufs neue wiederholen —, den auch die Antirassisten häufig übersehen, liegt nicht in der Hervorhebung des
Unterschieds, sondern im *Gebrauch*, den sie davon machen:
als Waffe gegen das Opfer und zum Nutzen des Anklägers.
Hierin liegt die eigentliche Perversion des Rassismus. Ich lei-
tete also damals aus meiner Analyse drei wesentliche Folgerungen ab: Es ist möglich, daß behauptete Unterschiede tatsächlich bestehen; diese Unterschiede sind an sich weder gut
noch schlecht; die Betonung der Unterschiede macht allein
noch nicht den Rassisten aus, sondern erst deren Gebrauch
gegen den anderen zum eigenen Vorteil.

Der Mythos und der Vorwand

Gleichzeitig wird die Rolle sichtbar, die der Mythos im rassistischen Denken spielt: Sofern es einen Unterschied gibt,
wird er interpretiert, gibt es ihn jedoch nicht, so wird er
erfunden. Ich habe an anderer Stelle die Äußerungen eines
Psychiaters wiedergegeben, der mir allen Ernstes erklärte, die
Kolonisierten äßen nicht nur schlecht und hätten eine
schlechte Haltung beim Gehen, wogegen nichts einzuwenden
wäre, sondern sie hätten auch eine schlechte Atmung. Ein
anderer, der etwas gegen Arbeiter hat, beobachtet diese so
lange mit scheelem Auge, bis er an ihnen sogar *körperliche*
Unterschiede zu entdecken glaubt. Für Balzac z. B. hat eine
Frau aus dem Volk, selbst wenn sie ungewöhnlich schön ist,
zumindest große Füße, was auf ihre Herkunft verweist. Die

Übertreibung nimmt gelegentlich auch groteske Züge an. So haben etwa die Schwarzen angeblich ein so enormes Glied, daß eine Frau, die einmal mit einem Schwarzen geschlafen hat, bei einem weißen Mann kein Vergnügen mehr findet. Alle Jüdinnen haben Syphilis, und manchmal beißen sie ihren Liebhabern den Penis ab. Bei alledem bleibt nicht verborgen, daß die Inhalte der Beschuldigungen – ob komisch oder nicht – stets auf dasselbe verweisen: Geld, Macht und Sexualität, was ein besonderes Licht auf die Interessen der Ankläger wirft. Der Rassismus ist eine Verhaltensweise, aber auch eine Argumentation: eine Anklage und eine Verteidigung. Die Ausrichtung der Beweisführung läßt keinen Zweifel daran, daß es dabei stets darum geht, den Angreifer zu rechtfertigen.

Der Kolonisator macht aus dem Kolonisierten eine Figur, die den Erfordernissen der Kolonisation so gut angepaßt ist, daß man fast an eine prästabilierte Harmonie glauben könnte. Man kann es nachlesen: Die Europäer haben sich ein Kolonialreich geschaffen, weil die zukünftigen kolonisierten Länder »kolonisierbar« waren. Verständlicherweise konnte Europa nicht umhin, diese Lücke zu füllen, es war seine »historische Aufgabe«! Man hat allen Ernstes behauptet, daß die Umwandlung dieser Länder in Protektorate (»Schutzgebiete«) den Zweck verfolgte, den Kolonisierten zu schützen. Die Profite und die unrechtmäßig eingetriebenen Gelder waren selbstverständlich Gedankenlosigkeiten oder Unterlassungen zuzuschreiben, es waren Schönheitsfehler, wie man heute sagen würde. Die Antisemiten machen sich ein mythisches Bild vom Juden, das ihrer Leidenschaft so sehr entgegenkommt, daß man an einen Plan der Vorsehung glauben muß: Und man hat auch fest daran geglaubt oder daran zu glauben vorgegeben. Ein Beispiel hierfür ist die Rolle des Juden im Mythos von Jesus Christus, dem für die Erlösung der Menschheit notwendigen Opfer der Juden. Oder die Männer bemühen sich nach Kräften, von den Frauen ein Bild zu zeichnen, in dem diese sich zwar kaum wiedererkennen, die Männer selbst jedoch voll auf ihre Kosten kommen! Ein letztes Beispiel: Man kennt jene Schwarzen aus früheren Filmen, die mit ihren großen weißen Augen rollen, stammeln und ängstlich zittern, die mit einem Wort nur in einer geschützten Welt des Dienens existieren können, nachdem sie aus der Sklaverei entlassen wurden. Kurz, alle diese Bilder sind *bequem*, sie haben eine Familienähnlichkeit, die sich aus den Bedürfnissen und Wahnvorstellungen ihrer Urheber erklärt.

Wie bequem diese Bilder sind, läßt sich noch deutlicher daran ablesen, daß sie weder auf Schlüssigkeit noch auf rechtes Maß bedacht sind. Nichts scheint den Rassisten in seinen Beschuldigungen zu hemmen: Der Jude ist *zugleich* geizig und verschwenderisch, die Frau dumm *und* durchtrieben. Noch die offensichtlichsten Vorzüge verwandeln sich in Mängel. Dem Juden sagt man eine durch seine Leiden besonders gesteigerte Intelligenz nach — wohl wahr, aber er ist *zu* intelligent und deshalb nur um so gefährlicher. Der Jude ist friedfertig und versöhnungsbereit? Nein, er ist unterwürfig, eine weitere List von ihm. Der Schwarze hat ein gutes Rhythmusgefühl? Das beweist seine mangelnde Eignung für höhere Aufgaben. Die Sanftmut der Frauen ist lediglich das Ergebnis ihrer natürlichen Passivität, ihres Mangels an Kampfgeist. Kein einziges gutes Haar kann am Opfer gelassen werden, das Bild wird systematisch eingeschwärzt. Der Jude ist gleichzeitig eine biologische, ökonomische, psychologische, kulturelle oder metaphysische Figur..., negativ ist sie *immer*. Nicht daß die Juden, die Kolonisierten oder die Frauen nicht auch ihre Fehler hätten; ich habe zur Genüge betont, daß man sich davor hüten muß, sämtliche Unterschiede zu leugnen. Aber schließlich haben die Beherrschten nicht nur schlechte und die Herrscher nicht nur gute Eigenschaften! Warum ist *alles*, was beim Beherrschten anders ist, von vornherein schlecht? Warum brandmarkt der Herrschende systematisch selbst die alltäglichsten Lebensweisen und Sitten des Beherrschten, die Äußerungen der Freude ebenso wie die des Schmerzes, seine Eßgewohnheiten oder Erziehungspraktiken – »Wie können sie das nur essen!«, »Hier sind die Kinder ungezogener als überall sonst auf der Welt«? Es bleibt nur noch die obligate Ausnahme wie bei bestimmten Antisemiten, die einen jüdischen »Freund« haben. Warum soviel beißender Sarkasmus gegenüber *allen* Frauen – »Die Weiber sind alle Schlampen, außer meiner Mutter, die ist eine Heilige«? Es ist ein Scherzwort, gewiß, aber ist es wirklich so harmlos?

Ist eine solche widersprüchliche und übertriebene Anklage dem Ankläger nicht auf diese oder jene Weise *von Nutzen*? Immerhin fällt der Vergleich *grundsätzlich* zu seinen Gunsten aus. Liegt es nicht auf der Hand, daß der Rassist sein Opfer nach seinen eigenen Bedürfnissen ummodelt? ›Diese mythische Umgestaltung dient ihm als Vermittlung, als besonderer Vorwand zur Unterdrückung, die er ausüben möchte oder bereits ausübt: der Mann über die Frau, der Weiße über den Schwarzen, der Kolonisator über den Kolonisierten. Auch hier trifft man auf die besondere Wirksamkeit der biologischen Beschuldigung; sie liefert das beste Unterpfand von allen. Der Schwarze ist unwiderruflich schwarz, die Frau unwiderruflich Frau. Daher rührt auch das Bestreben, den Juden und den Kolonisierten biologisch zu kennzeichnen, selbst wenn die Biologie gar nicht hierher gehört. Denn *die Biologie ist eine Abbildung der Schicksalhaftigkeit.*

Rassismus und Unterdrückung

Nach einigen kleinen Umwegen können wir nunmehr sagen, daß *der Sinn und Zweck des Rassismus in der Vorherrschaft liegt*. Es ist die letzte Lehre, die ich aus der kolonialen Situation gezogen habe. Dieser allgemeinere Zusammenhang, so schien es mir, würde mir den Hauptschlüssel zum Rassismus liefern. Wie beim Billard, wo man eine bestimmte Kugel stößt, um mit ihr eine andere zu treffen, erhebt man unter den verschiedensten Vorwänden Anklage, aber stets um den anderen abzuweisen, zu berauben und zu unterdrücken. Diese koloniale Situation war es auch, die mich dazu bewogen hat, die weiteren Formen des Rassismus, die eng mit anderen, ähnlichen Situationen verknüpft sind, aufzuklären und zu systematisieren. Auch hier kannte ich die Situation – die der Juden – bereits aus ihrem Innersten heraus, noch bevor ich anfing, ernsthaft darüber nachzudenken. Die Erweiterung und Verallgemeinerung der Resultate des »Porträts des Kolonisierten«[11] haben sich ganz natürlich ergeben; von der Kolonisation ging ich zu anderen Formen der Unterdrückung über und gelangte zu folgender Erweiterung der vorherigen Aussage: *Der Rassismus veranschaulicht und symbolisiert die Unterdrückung*.

Während sich also die Bedeutung des Mythos für den Rassismus immer wieder bestätigt, werden andererseits auch seine Grenzen sichtbar: Er ist notwendig, aber nur bedingt. Er ist wichtig, aber er macht nicht den ganzen Rassismus aus. *Der Rassismus ist eine Meinung, aber er ist eine Meinung, die ein Verhalten ankündigt und signalisiert*.

Eine Meinung macht noch keinen Rassisten aus, vorausgesetzt, daß es bei ihr bleibt. Der Rassismus ist sowohl die

Ideologie als auch die aktive Demonstration der Herrschaft. D. h., jedes Mal, wenn man einem bestimmten Herrschaftsverhältnis auf den Grund geht, trifft man auch auf einen Rassismus, seinen Schatten und seine zwangsläufige Konsequenz. Diese unausgesetzt wirksame und eigennützige Entwertung eines anderen findet sich in sämtlichen Formen der Herrschaft wieder. Ich herrsche über den anderen, *weil* er ein minderwertiges Wesen ist; die zwischen uns bestehenden Unterschiede sind der Beweis dafür. Die Weißen können die Schwarzen unterwerfen, weil die Schwarzen nicht weiß, d. h. mit den Mängeln der schwarzen Rasse behaftet und darum der guten Eigenschaften der weißen Rasse beraubt sind. Die Männer haben das Recht, die Frauen zu unterdrücken, weil die Frauen anders sind und weil Weiblichkeit ein Makel ist. Welches im übrigen auch die Verlockungen dieser angeborenen Mißbildungen sein mögen: Man kann durchaus ein Frauenheld sein und die Frauen verachten, man kann auf Jüdinnen, Negerinnen oder kleine Araberjungen versessen sein, ohne deshalb aufzuhören, alle diese armen Menschen zu verachten.

Um ein allgemeineres Beispiel zu nehmen, habe ich gezeigt, wie sich im Verhältnis von Herrschaft und Unterwerfung beide Partner gegenseitig auf je besondere Art und Weise zerstören. Zweifellos sind die qualvollen Leiden des Opfers nicht mit den psychischen Deformationen des Angreifers vergleichbar, aber wer sich zum Peiniger macht, kommt ebenfalls nicht unversehrt davon. Auch im Rassismus läßt sich dieser doppelte Zerfall beobachten: Das Opfer, das fortwährenden Erniedrigungen mit dem Ziel seiner Vernichtung ausgesetzt ist, wird am Ende tatsächlich zerstört. Nicht nur symbolisch und im Kopf des Rassisten, sondern konkret durch die Demütigungen und die seinem Leben auferlegten Schranken, vor allem aber deshalb, weil es sich selbst zerstört. Eine der verhängnisvollsten Folgen der rassistischen Beschuldigungen liegt in deren *Verinnerlichung*, der Einverleibung des Ungeheuers, von dem das Opfer schließlich von innen heraus verschlungen wird: Es übernimmt am Ende mehr oder weniger das Bild von sich selbst, das man ihm vorhält. Wie soll man sich verteidigen, wenn man dem Angreifer recht gibt? Vor der Französischen Revolution hat ein gewisser Moreau de Saint-Mery die Bewohner der Antillen eingeteilt in Neger, Mulatten, Terzeronen (Viertelneger), Mestizen, Mamelucken, Mischlinge, Marabuts usw., samt allen möglichen sonstigen Kombinationen ... Ich bin zu den Antillen gereist und habe dort die Kategorien von Moreau de Saint-Mery um einige weitere vermehrt wiedergefunden. Die Antillenbewohner hatten diese teuflische Skala einer abnehmenden Würde mit zunehmender Entfernung vom »Weißen Vater«, wie es bei ihnen heißt, samt den psychischen und sozialen Beschädigungen, die daraus erwuchsen und die man sich leicht vorstellen kann, aufgegriffen und bewahrt. Man erholt sich nicht so einfach von einer Vergangenheit der Unterdrückung. Ich erinnere mich noch gut an eine tunesische Concierge, die mir eines Tages wütend und voller Verachtung zurückgab: »Sie sind auch nur ein Tunesier, wie wir!«

Aber der Rassist gewinnt dabei ebenfalls nicht sein Paradies. Auch er läßt nicht ab zu argumentieren, sich zu verteidigen und anzugreifen. Es ist ein Faß ohne Boden, eine niemals endende Debatte, bei der keiner jemals endgültig überzeugt ist. Weder das Opfer natürlich, trotz seiner Irritation, noch der Rassist, der spürt, warum er seinen Rassismus nötig hat und diesen fortwährenden Kampf führt, der ihm niemals seinen Seelenfrieden bringen wird. Während meines bereits erwähnten Aufenthalts auf den Antillen haben wir in abendlichen Diskussionen mit den *Békés* (auf den Antillen geborene Franzosen) immer wieder über all dies gesprochen.

Übrigens – ich komme darauf noch ausführlicher zurück – ist die Irritation des Rassisten, genau wie der hartnäckige Versuch zu ihrer Überwindung, kein Zeichen einer absoluten Perversität. Auch wenn es paradox klingt, in gewisser Hinsicht muß sie dem Rassisten sogar zugute gehalten werden. Ein normaler Verbrecher argumentiert nicht, er tötet einfach. So ensteht das, was ich als *das moralische Paradox des Rassisten* bezeichnet habe: Eigenartigerweise findet man hinter seinem finsteren Äußeren einen Schimmer der Hoffnung auf die menschliche Fähigkeit zur Vervollkommnung. Die Tiere verschlingen ihre Beute ohne viel Federlesens – allerdings nur, wenn sie hungrig sind –, und die kräftigsten Pflanzen ersticken die schwächeren. Auch die Menschen, gleich allen anderen Lebewesen, berauben, unterdrücken und morden ihresgleichen und die anderen, aber sie halten es für nötig, eine Erklärung dafür zu geben, sich zu rechtfertigen. Ich herrsche, ich habe Privilegien? Gewiß, aber nur deshalb, weil ich ein Recht darauf habe! Auf diesem Boden hat schon mein Vater, haben meine Vorfahren ... Welch dürftige Legitimität, so trügerisch, fingiert und brüchig. Aber man hält daran fest, man besteht darauf, macht eine Theorie, Philosophien, eine Moral daraus, die auf die Rasse, die Psychologie, das Geschlecht, die Kultur oder die Metaphysik gegründet werden. Dabei geht es in Wirklichkeit einfach darum, seinen Nächsten zu berauben und gleichzeitig ein mehr oder weniger ruhiges Gewissen zu haben. Wieviele Verhaltensweisen »großer Familien« oder wieviele politische Maßnahmen im »nationalen Interesse« sind in Wirklichkeit kaum etwas anderes als Raubzüge in großem Maßstab, die mit der Notwendigkeit der geheiligten Fortdauer des Familienerbes oder des »übergeordneten Staatsinteresses« begründet werden! Auf die eine oder andere Weise muß man immer *seinen Nutzen* rechtfertigen.

Der Nutzen

Denn irgendeinen Nutzen gibt es immer, und genau das macht hellhörig: *Das Vorgehen des Rassisten ist niemals uneigennützig*, selbst wenn die Art des Nutzens nicht sogleich auf der Hand liegt.

Welches ist der Nutzen, worin besteht er? Auf den ersten Blick kann er höchst unterschiedlich sein: psychologischer, ökonomischer, politischer oder kultureller Art... Es spielt keine Rolle, welcher Vorteil mehr oder weniger bewußt zum Schaden des anderen angestrebt wird. Wenn man den Pleonasmus nicht scheut, kann man den Nutzen des Rassisten als *alles* definieren, *was ihm durch die Entwertung des anderen einen Vorteil einbringt.*

An dieser Stelle muß ich einem Einwand von marxistischer Seite begegnen, der besagt, diese Formenvielfalt des rassistischen Nutzens sei in Wahrheit nichts anderes als ein Lockmittel. Der Mensch sei im Grunde seines Wesens der *homo oeconomicus* und werde hauptsächlich durch seine ökonomischen Bedürfnisse angetrieben; alles andere sei Ablenkung, List und Ideologie. Der Rassismus sei letztlich eine ökonomische Waffe. Seine Argumentation diene lediglich als einer dieser Vorwände, um eine Weise der Aneignung natürlicher Ressourcen oder nötigenfalls der »Ausbeutung des Menschen durch den Menschen« zu verschleiern. Nach einer bekannten Formulierung von Engels ist in letzter Instanz die Ökonomie die Triebkraft der Geschichte.

Ich stimme hier zum Teil mit den Marxisten überein: Sie haben recht, wenn sie den Rassisten verdächtigen, jenseits der von ihm vorgebrachten Beschuldigungen ein anderes Ziel zu verfolgen. Desgleichen bin ich überzeugt, daß es in einer Argumentation oft zwei Ebenen gibt: eine vordergründige Botschaft und einen versteckten Sinn. Häufig ist außerdem der verborgene Sinn wichtiger, aufschlußreicher als der manifeste Inhalt. Der eigentliche Sinn des Rassismus ist verschleiert, weil er eine Ungerechtigkeit enthüllen würde. Von daher erklärt sich die auf der Hand liegende Nützlichkeit einer Täuschung der Opfer: Man kommt auf diese Weise ihren Reaktionen zuvor, die möglicherweise die eigenen Absichten durchkreuzen würden. Man kann doch nicht in aller Ruhe zugeben, daß man Privilegien hat! Man bräuchte also ein hartes Regiment, mit dem sich nicht gut leben ließe und das außerdem höchst kostspielig wäre. Deshalb lohnt sich durchaus die Mühe, es mit einer Verschleierung und geschickten Rechtfertigung der eigenen Absichten zu versuchen, und dabei geht es letztlich um eine Ökonomie der Mittel. Die Ideologie des Herrschenden ist zunächst nichts anderes als eine pragmatische Tugend, die zur Stabilität seiner Macht beiträgt.

Die Marxisten haben auch nicht unrecht, wenn sie — zumindest bei den Rassisten unserer Zeit — ökonomische Motive vermuten. Diese sind sehr häufig, auch wenn sie nicht immer klar auf der Hand liegen. In der Geschichte, der Soziologie oder auch in der Literatur gibt es genügend Beispiele, welche die Stichhaltigkeit dieses Verdachts anschaulich vor Augen führen. Der Antisemitismus des kleinen Ladeninhabers beruht häufig auf seinen wirtschaftlichen Schwierigkeiten oder seiner Habgier: Aus der Vernichtung seiner jüdischen Konkurrenten hofft er einen Vorteil zu ziehen. Es ist kein Zufall, wenn eine wirtschaftliche Rezession die Hydra des Judenhasses wiederauferstehen läßt.

Hier endet freilich meine Übereinstimmung mit den Marxisten. Ihre Überzeugung, daß sich jeder Nutzen auf einen ökonomischen Profit zurückführen läßt, und sei es auch nur »in letzter Instanz«, teile ich nicht. Diese Formulierung ist überdies vieldeutig. Wenn sie die Vermittlungen unberücksichtigt läßt, ist sie falsch; sofern sie deren Bedeutung jedoch zugesteht, ist sie lediglich von theoretischem Wert. Dieselbe Kritik ließe sich auch gegen psychologische Erklärungen vorbringen, die alles auf einen Ödipuskomplex zurückführen. Mir ist dabei durchaus bewußt, daß es heute nicht mehr angebracht ist, von »den« Marxisten zu sprechen. Mit den Jahren hat sich die Lehre in verschiedene Richtungen fortentwickelt, wie es in jeder alten Kirche auch geschieht. Die gemäßigten Gläubigen stehen den einzelnen Sekten und Häretikern tolerant gegenüber. Dennoch vertreten selbst jene Marxisten, die nicht auf einer einzigen Auslegung ihrer Lehre bestehen, den Primat der Ökonomie − »in letzter Instanz« wenigstens. Damit propagieren sie mehr oder weniger verhüllt einen ökonomischen Reduktionismus. Die Wirklichkeit des Menschen ist jedoch von komplexer Natur, ohne daß wir mit Sicherheit wissen können, welches jener einzige Faktor ist, dem sich alles andere unterordnen muß, oder ob es einen solchen Faktor überhaupt gibt. Die Bedürfnisse des Menschen sind zwar nicht unendlich groß, aber doch höchst vielfältig; ihre Hierarchie ist veränderlich und fließend. Das Bedürfnis nach Sicherheit oder nach Liebe ist häufig ebenso dringend wie das nach Nahrung. Kurz, es gibt viele Gründe, Rassist zu sein, nicht nur das Interesse am wirtschaftlichen Vorteil, auch wenn der Mechanismus der Nutzenrechnung als solcher stets derselbe bleibt.

Der Sündenbock

Von diesem Sachverhalt kann man sich am Beispiel der Wahl eines Sündenbocks überzeugen. Unsere Vorfahren hatten in dieser Hinsicht einen ganz außergewöhnlichen Einfall. Um das Unheil zu bannen, boten sie den Göttern ein Sühneopfer an. Indem sie das hierzu ausersehene Tier mit allen Vergehen der Gemeinschaft beluden, erleichterten sie das kollektive Schuldbewußtsein. Es ist auch kein Zufall, daß die Person des tragischen Helden im antiken Drama so erfolgreich für dessen Wirkung war: Nachdem er beschuldigt worden war, die Ursache all jener Katastrophen zu sein, von denen seine Mitbürger heimgesucht wurden, mußte er untergehen, um das Unheil zu vertreiben. Häufig lag die Verantwortung gar nicht bei ihm, sondern er war selbst der Spielball finsterer Mächte (wie Ödipus) oder irgendwelcher Intrigen der Götter. Es ist, als würde es dem kollektiven Gewissen keineswegs widerstreben, bevorzugt einen Unschuldigen auszuwählen, um ihn für die Vergehen oder den Seelenfrieden der übrigen büßen zu lassen. Auch der Mythos von Jesus Christus gehört in diesen Zusammenhang: Ein Mann, von dem gesagt wird, er sei ein guter Mensch, ein Heiliger und der Sohn einer Jungfrau, ist dazu ausersehen, die Leiden und die Sünden der Menschheit zu sühnen. Das Opfer der Tochter Agamemnons, einer Jungfrau und Märtyrerin, sollte den Zorn der Götter besänftigen, gerade so, als ob die Reinheit am besten geeignet wäre, die Befleckungen in sich aufzunehmen, als ob gerade dieser Wert des Opfers die Möglichkeit böte, den vom Schicksal oder den Göttern geforderten Preis entrichten zu können.[12] Diese Deutung der Mythen ist selbstverständlich *nicht erschöpfend*. Aber immerhin ermöglicht das Abwälzen der eigenen Schwierigkeiten und Irrtümer auf einen anderen — einen Konkurrenten oder Nachbarn, eine Minderheit im eigenen Land oder eine andere Nation, eine Institution oder die Natur — eine qualvolle Situation erträglicher zu machen. Wenn wir unsere privaten oder öffentlichen, sportlichen oder beruflichen Mißerfolge dem unlauteren Charakter des Gegners zuschreiben, entschuldigen wir damit zugleich unsere eigenen Mängel. In einem Film von Charlie Chaplin zielt der Soldat als Held auf einen Kieselstein, weil er ihn für seine eigene Ungeschicklichkeit verantwortlich macht. Tut der Rassist nicht genau dasselbe? Ein Humorist hat es auf die Formel gebracht: »Warum immer die Juden und nicht die Radfahrer?«...

Diese Projektion auf den anderen, die diesem die Schuld zuweist, erlaubt obendrein, die eigenen Reihen fester zu schließen: Die — angebliche oder tatsächliche — Bedrohung von außen stellt das Zusammengehörigkeitsgefühl wieder her. Unsere modernen Volkstribunen haben lediglich ein uraltes Rezept wieder aufgegriffen: Man muß gegenüber den Massen einen Außenstehenden verantwortlich machen und an den Pranger stellen, selbst wenn er unschuldig ist. Das Unglück beim Namen zu nennen, ihm ein Gesicht zu geben, erzeugt die Illusion, es beherrschen zu können. Auf diese Weise werden das individuelle und das Gruppen-Ich gestärkt.

Es liegt auf der Hand, daß die Randgruppen für dieses Ablenkungsmanöver gut plaziert sind, um eine Wendung aus dem Rennsport zu gebrauchen. Die Fremden stehen weniger unter dem Schutz des Gesetzes, die Angehörigen von Minderheiten, die Andersartigen sind von vornherein verdächtig. Auf ihren Schultern lassen sich die kollektiven Ängste besonders gut abladen. Es ist kein Zufall, daß man früher so viele Hexen und so wenig Hexer getötet hat: Die Frauen, die sich schlechter zur Wehr setzen können, ziehen leichter die Gefühle der Angst und des Grolls auf sich. Es ist gar nicht lange her, da verbrannte man noch die schwarzen Opfer der Lynchjustiz wie zu den Zeiten der Inquisition. Der im Dritten Reich an den Juden verübte Genozid[13] ist die jüngste Form dieses ewigen Scheiterhaufens. Das nach außen verlagerte, im anderen inkarnierte Böse wird von uns abgespalten und dadurch weniger gefährlich; man kann es handhaben, behandeln und durch das Feuer zerstören. Man muß diesen gemeinsamen Nenner sehen: Das Feuer, das alles läutert, auch uns selbst ..., indem es allerdings den anderen verbrennt, denn das ist ökonomischer.

Zwar handelt es sich hierbei um besonders krasse Auswüchse, aber derselbe Sinn findet sich auch in anderen Verhaltensweisen: Man zerstört im anderen das, was man in sich selbst zerstören will, und lastet ihm dafür die eigenen Sünden an. Doch die Vehemenz unserer Rechtfertigung, die übertriebenen Beteuerungen unserer jungfräulichen Unschuld und das Übermaß der dem anderen unterstellten Schlechtigkeiten verraten uns genauso wie ein offenes Geständnis. Was zuviel ist, ist zuviel. Offenbar wird der Prozeß immer wieder gewonnen. Das kann uns nicht wundernehmen, denn das Opfer ist von vornherein besiegt, und die Öffentlichkeit steht auf der Seite des Anklägers. Diese Scheiterhaufen aus Reisigbündeln oder aus Worten, auf denen unsere wahren oder ausersehenen Feinde schmoren, halten die kollektive Seele schön warm. Wir selbst sind nicht mehr schuldig, weil es die anderen sind. Gleichzeitig quälen uns aber auch Zweifel, sonst würden wir uns nicht mit Argumenten zu rechtfertigen suchen. Doch gerade dieses Bemühen, das heimliche Eingeständnis unserer eigenen Mängel, verhilft uns zu unserer Läuterung. Jedenfalls hat dieses reinigende Bad eine um so überzeugendere Wirkung, als es gemeinsam genommen wird. Wir haben gemeinsam auf unsere Fehler hingewiesen, wir haben uns gemeinsam darüber ausgesprochen und davon gereinigt. Von nun an sind wir alle rein, da wir alle an derselben Reinheit teilhaben, die über uns hinausgeht und uns einhüllt, die wir außerhalb unserer selbst geschöpft haben, so wie wir auch das Böse außerhalb von uns aufgefunden haben. Wir können uns gegenseitig eine Selbstabsolution erteilen.

Über dieses Verlangen nach Reinheit könnte man lange Betrachtungen anstellen. Wir haben bereits auf die angebliche absolute biologische Reinheit hingewiesen, die nicht einmal in der Vorstellung möglich ist. Aber *auch die psychologische Reinheit ist kein klarer Begriff.* Woher kommt eine solche Besorgnis, die den Menschen immer wieder heimsucht? Die Antwort ist einfach. Da diese Reinheit kein Tatbestand ist, kann sie nur ein Wunsch sein: eine Sehnsucht oder eine Hoffnung. Der Rassist schmachtet nach dem Bild eines vollkommenen Heimatlandes, dessen Merkmale er nur mit Mühe genauer beschreiben könnte. Ebenso schwierig wäre es für ihn zu sagen, ob es darum geht, zu einem früheren Zustand zurückzukehren oder eine neue Ordnung zu errichten – um ein verlorenes Paradies oder ein messianisches Goldenes Zeitalter. Der italienische Duce verknüpfte beides miteinander: ein »römisches« Italien, das zugleich die Vorhut der europäischen Modernität bilden sollte. Der Verkünder eines Großdeutschen Reiches gab vor, die untergegangene Herrlichkeit seines Volkes in die Gegenwart zurückzurufen, um die legitime Herrschaft über die ganze Welt anzutreten. Ganz allgemein handelt es sich dabei um eine Verquickung von zwei Elementen: Die Zukunft wird als eine Projektion der Vergangenheit gesehen, und die Vergangenheit wird im Hinblick auf die Zukunft rekonstruiert. Darin äußern sich gleichzeitig das Bedauern, nicht mehr in jenem Stand der Gnade zu leben, und der Wille, ihn wiederzufinden. Damit wird auch die Gewalt gegen jeden Eindringling, jeden Fremden verständlich, der die angestrebte Harmonie zu beeinträchtigen oder zu verhindern droht, und sei diese noch so sehr das Produkt der eigenen Phantasie — und schon sind wir wieder beim Sündenbock angelangt. Jedenfalls hat diese peinigende Qual Philosophen verführt und Dichter inspiriert; man könnte sie sogar psychoanalytisch zu deuten versuchen: »Wie schön war doch damals das *Zusammensein* mit Vater und Mutter, in der Wärme des häuslichen Herdes und geschützt vor der Außenwelt!« »Wie schön war es doch damals, *bevor* das neue Baby kam, dieser unbekannte Scheißer und Pisser, der alles schmutzig macht, die Harmonie des Familienlebens stört, die ganze Milch für sich beansprucht und die Liebe der Eltern und die Aufmerksamkeit von Besuchern monopolisiert!« Aber während die Dichter träumen, während die Philosophen und Psychologen deuten, handelt der Rassist. Da eine Rückkehr in die glückliche Welt der Kindheit nicht möglich ist, sorgen wir doch dafür, daß die Zukunft ihrem Bild entspricht; stellen wir unsere Homogenität (wieder) her *gegen* jeden, der sie stört und beschmutzt; befreien wir uns von allen Eindringlingen, Einwanderern, Fremdkörpern und Nestbeschmutzern durch deren dringend notwendige Vernichtung. Ich frage mich, ob die Schänder jüdischer Gräber, die jämmerlichen Angreifer und mitunter sogar Mörder von unglücklichen eingewanderten Arbeitern nicht auch eine gewisse Lust bei ihren Untaten empfinden. Wahrscheinlich sind sie überzeugt, daß sie im Interesse des Allgemeinwohls handeln, ähnlich wie die weißen Lynchrichter, die ein unbestimmtes Vergnügen darüber eingestanden, daß sie die mythische Unversehrtheit der weißen Rasse verteidigt hätten. Man muß dieser schmerzhaften Spannung, diesem Ärgernis, das ich an anderer Stelle als Ent-Ordnung ausgewiesen habe, ein Ende bereiten, wenn man die wahre, lebenswichtige Ordnung wiederfinden will. Das Kleinkind würde liebend gern seinen unerträglichen jüngeren Bruder umbringen, wenn es könnte, und manchmal kann es das sogar tatsächlich. Die Obsession der Reinheit entspringt einer Phobie gegen alles Schmutzige und einem prophylaktischen Wunsch.

Rassismus und Antisemitismus

Nach der Konstellation des Kolonialismus war es, wie gesagt, die Situation der Juden, die mich endgültig von dieser inneren Beteiligung des Rassisten am Rassismus überzeugt hat, d. h. davon, daß er seine Opfer in gewisser Weise braucht. In ihr habe ich auch den Beweis für die *weite Verbreitung der Mechanismen des Rassismus* gefunden. Der Antisemitismus ist hierfür lediglich ein besonders aufschlußreiches Beispiel: Er ist der Ausschluß einer Gruppe durch eine andere, obwohl beide einander denkbar nahe stehen.

Man hat behauptet, der Antisemitismus sei etwas völlig anderes als der Rassismus, aber das glaube ich nicht. Zwar ist er zweifellos von allen anderen Formen einer kollektiven Ächtung verschieden, aber deshalb ist er nichtsdestoweniger eine Spielart des Rassismus. *Er ist ein durch sein Objekt näher definierter Rassismus;* der Antisemitismus ist ein Rassismus, der sich gegen die Juden richtet. Als solcher weist er besondere Merkmale auf, die mit seinem besonderen Opfer und den eigentümlichen Beziehungen zwischen diesem und seinem Angreifer zusammenhängen. In der Dyade zwischen Jude und Antisemit findet man eine Figur, die keinem anderen Opfer des Rassismus gleicht: Als Angehörige einer sehr alten Minderheit ist sie ebenso vertraut wie abgesondert, von fremdartiger und zugleich wiedererkennbarer Kultur mit ver-

wandten und trotzdem eigenständigen Gesellschaftsstruktu-
ren. Der Antisemit verfügt daneben über eine wirkungsvolle
und hochentwickelte Mythologie, zu der eine 2000 Jahre alte
Geschichte der Beschuldigung und der Unterdrückung ebenso beiträgt wie der tatsächliche Platz des Juden innerhalb des
ökonomischen Systems, seine Rolle in der kulturellen Tradition und schließlich auch die Bestätigung seiner Schuld in der
Heiligen Schrift. Die Beziehungen zwischen dem Juden und
seinem − christlichen oder islamischen − Ankläger erinnern
eher an die zwischen feindlichen Brüdern als an solche zwischen einander gänzlich Fremden. Trotz ihrer zuzeiten sogar
mörderischen Feindseligkeit erkennen die Christen ihre Verwandtschaft mit den Juden an. »Wir sind Semiten im Geiste«,
mahnte Papst Paul VI., und die Anhänger des Islam bestehen
auf der Gemeinschaft der »Menschen des Buches«. Aber
trotz ihrer Besonderheiten läßt sich auch das Gegensatzpaar
Jude-Antisemit im Rahmen aller übrigen Gegensatzpaare des
Rassismus beschreiben und einordnen. Stets geht es darum,
die anderen zu stigmatisieren, um sich selbst zu stärken, und
zwar aufgrund der bestehenden Unterschiede. Kurz, *ihre*
Unterschiede schlagen zum Häßlichen, *unsere* zum Schönen
aus; es ist dieser Vergleich, der uns triumphieren läßt.

Daraus ergibt sich ein unerwartetes Resultat, das jedoch
überall in derselben Weise zu beobachten ist: Wir müssen
unsere Unterschiede − aber auch die ihrigen − stärker hervorheben. So ist z. B. die Mischehe nachdrücklich zu verurteilen. Jede Vermischung der Rassen, diese Katastrophe für
die menschliche Gattung, ist um jeden Preis zu vermeiden.
Jeder muß seine Persönlichkeit oder, wie wir heute sagen
würden, seine Identität bewahren. Selbst die Bibel ist Mischehen gegenüber alles andere als nachsichtig, setzt sie diese
doch dem Heidentum gleich (vgl. insbesondere das Buch
Esther)! Die Neigung zu solchen Ehen war allerdings ver-

breitet; von daher erklärt sich die Strenge des jüdischen Gesetzgebers, der auch hierin zahlreiche Nachfolger fand. Barrès kultivierte zwar das eigene Ich, aber auch das der anderen; Lyautey wollte die islamische Persönlichkeit der Marokkaner »achten«; er meinte es übrigens ehrlich, selbst wenn diese Achtung einem Erwürgen durch Umarmen gleichkam. Und gerade die hartgesottensten Machos betonen das »ewig Weibliche«. Die Christen haben zu keiner Zeit die vollständige Vernichtung der Juden gewollt; diese sollten vielmehr durch ihre gedemütigte Existenz Zeugnis ablegen für die Ewigkeit der erhabenen Andersartigkeit des Christentums. Dies ist eine der unerwarteten Konsequenzen der ökumenischen Bewegung: Die Araber müssen Araber und die Juden Juden bleiben. Ich habe einmal François Mauriac, der diese Forderung propagierte, gefragt, warum ihm so viel daran liege, die Moslems zu überreden, Moslems zu bleiben, und er antwortete offen und ehrlich: »damit die Christen Christen bleiben.«

Widersprüche? Wie kann man gleichzeitig die Bewahrung der Eigenart eines Menschen und seine Vernichtung wünschen? Wie wir gesehen haben, kommt es dem Rassisten auf Widerspruchsfreiheit seiner Argumentation nicht an. Dennoch ist sein Verhalten hier konsequent. Wie jeder Herrschende muß der Rassist sein Opfer beherrschen, bis dessen Kräfte endgültig erschöpft sind, bis es stirbt; aber gleichzeitig muß er dessen Leben und sogar dessen Kräfte bewahren ..., um es sich weiterhin nutzbar zu machen. Ich habe diesen Mechanismus beim Kolonisierten beschrieben: Die Grenze zwischen Kolonisation und kollektiver Tötung wird durch die Bedürfnisse des Kolonisators gezogen. Wo dies nicht geschieht, kommt es zu Mord und Genozid – auch das gibt es. Die ersten europäischen Einwanderer in Nord- und Südamerika haben die Indianer ausgerottet, weil sie keine Verwendung für sie hatten. Später, als auf den Plantagen Arbeitskräfte benötigt wurden, griffen sie auf schwarze Sklaven und europäische Einwanderer zurück.

Deshalb *muß man für das Verständnis eines bestimmten Rassismus immer danach fragen, welchen Nutzen dieser bestimmte Rassist aus seinem besonderen Opfer zieht.* Wenn man von den allgemein wirksamen Mechanismen absieht, was sucht dann der Antisemit im Antisemitismus, der Mann im Sexismus, der Kolonisator in der Kolonisation? Und was suchen sie jeweils zu einem bestimmten historischen Zeitpunkt?

Die Lehren der Geschichte

Die Antwort auf diese Fragen ermöglicht es, eine weitere Schwierigkeit aufzulösen: Wie ist es zu erklären, daß sich rassistische »Theorien« erst sehr spät herausgebildet haben, obgleich doch der Rassismus schon so lange und dauerhaft existiert? Das Problem ist wichtig, denn die relative Modernität des rassistischen »Denkens« ist die Ursache eines Mißverständnisses. Manche möchten im Rassismus nur ein vorübergehendes Phänomen sehen, weil er angeblich nicht immer existiert hat. Sie können leicht als Argument ins Feld führen, daß man in der Vergangenheit vergebens nach einer kohärenten rassistischen Theorie sucht. Der erste wirkliche Theoretiker wäre demnach Gobineau gewesen, dessen *Versuch über die Ungleichheit der Menschenrassen*[14] im französischen Original erst 1854 erschien. Das ist allerdings nicht ganz exakt, denn die biologischen Unterschiede zwischen den Menschen wurden bereits lange vorher zur Legitimation von Herrschaft herangezogen. So hat man z. B. die Behandlung von Negersklaven mit ihrer angeblich tierhaften Natur gerechtfertigt. Gegen diesen theoretischen Erklärungsversuch durch die Sklavenhändler hat sich Montesquieu in einer bissigen Satire gewandt und dabei die Argumente seiner Widersacher zusammengefaßt. Bereits vor 1492, dem Jahr der Vertreibung der Juden aus Spanien, waren zumindest die herrschenden Klassen dieses Landes vom Mythos des Blutes besessen. Und etliche Jahrhunderte früher prangerte Tacitus die Judäer — die Juden seiner Zeit — wegen ihrer körperlichen und moralischen Mängel an. Appian warf ihnen unter anderem ihre biologische Unreinheit vor, in der er die Ursache für die Ausbreitung der Lepra zu erkennen glaubte. Wie man sieht, gibt es nichts absolut Neues unter der Sonne.

Es trifft im großen und ganzen zu, daß der Rassismus im Sinne einer systematisierten und auf der Basis biologischer Unterschiede »theoretisch« untermauerten Feindseligkeit eine vergleichsweise neue Erscheinung ist. Aber den Argwohn gegenüber dem Fremden und Andersartigen hat es schon immer gegeben. Wenn man dabei in der Vergangenheit weniger auf die Biologie abgehoben hat, so deshalb, weil sie weniger ins Auge fiel und als Wissenschaft erst relativ spät aufkam. Aber die heiligen oder profanen Texte, die eine Furcht vor allem Fremden ebenso erkennen lassen wie die daraus resultierende Aggressivität, sind Legion. Um genau zu sein, der Fremde löst zwiespältige Gefühle aus: Man weiß nicht so recht, mit wem man es zu tun hat, er provoziert ein Unbehagen, das zugleich Mißtrauen und Achtung hervorruft. Dieser unbekannte Reisende, der um ein Glas Wasser oder um Obdach für eine Nacht bittet, ist vielleicht ein Unheilsbote oder ein Gesandter Gottes, gleich jenem Engel, welcher der alternden Sarah die Geburt Isaaks prophezeite. Er mag eine Inkarnation des Teufels oder ein verkleideter Gott sein wie die verschiedenen Gestalten der heidnischen Götter. Ob glückliches Ereignis oder Ankündigung eines Unglücks, ob verhängnisvolle oder glückbringende Wendung für den einzelnen oder seine Gemeinschaft, für alle Fälle ist es besser, auf der Hut zu sein. Aber vom Argwohn zur Selbstverteidigung und von dieser zur Aggression ist es jeweils nur ein kleiner Schritt.

Der Antisemitismus ist ebenfalls ein gutes Beispiel für diese Ambivalenz des Andersartigen. Die Geschichte des Antisemitismus ist heute gut bekannt.[15] In der Welt der Antike erscheint er zunächst als Phobie mit eher kulturellem als religiösem Charakter. Die Glaubensvorstellungen und Sitten der Judäer waren nur als phantastische Gerüchte bekannt, was die Furcht ihrer Mitbürger noch vermehrte.[16] Eingebettet war dieses Ressentiment gegen die Juden innerhalb der hellenischen und ägyptischen Welt in eine allgemeinere Fremdenfeindlichkeit gegenüber allen, die aus anderen Ländern stammten. Während sich also die Entstehung des Rassismus im strengen Wortsinne datieren läßt, ist dies bei der Xenophobie nicht möglich.

Diesen Einwand habe ich gegen Jules Isaac erhoben, dessen Bücher im übrigen reiches Material enthalten und für unser Thema von großem Nutzen sind. Nach der sorgfältigen und überzeugenden Untersuchung dieses Autors hat die *spezifische* Feindseligkeit gegenüber den Juden im Verlauf des ersten nachchristlichen Jahrhunderts mit dem Aufkommen des Christentums begonnen. Dabei ging es um eine religiöse Konkurrenz, bei der die Biologie offensichtlich keine Rolle spielte, da die ersten Christen ursprünglich Juden waren. Erst bei der Vertreibung der Juden aus Spanien werden die biologischen Unterschiede sichtbar in den Vordergrund gestellt. Von da an setzt eine rassistische Tradition im eigentlichen

Sinne des Wortes ein; ihre volle »theoretische« Entfaltung erfährt sie bei den deutschen und französischen »Denkern«, ihre mörderische Umsetzung in zahlreichen lokalen oder regionalen Pogromen in Rußland und im übrigen Europa bis zu deren Höhepunkt: dem vom Nationalsozialismus und seinen Nacheiferern fast perfekt ins Werk gesetzten Völkermord.

Hervorhebung biologischer Unterschiede oder nicht, Feindseligkeit gegen die Judäer oder Antisemitismus, in jedem Fall bestätigt die Geschichte die Zweckbestimmtheit des Rassismus. Im Hinblick auf den christlichen Antisemitismus (keine glückliche Bezeichnung, da ja die ersten Christen Juden waren) spricht Jules Isaac zu Recht von einem »System der Erniedrigung«. Aber warum dieses System? Warum die Einrichtung einer solchen Maschinerie der Entwertung, in der sich bereits die Vernichtung durch den Scheiterhaufen ankündigt? Zur Beantwortung dieser Fragen genügt es, noch einmal die Autoren jener Zeit zu lesen, Johannes Chrysostomus oder den Heiligen Augustinus: Die Erniedrigung der Juden erschien ihnen *notwendig*, um die Christen in besserem Licht erscheinen zu lassen. Der junge, noch anfällige Sproß des Christentums mußte sich, um zu überleben, endgültig von seinem ursprünglichen Stamm ablösen. Er mußte sich einen eigenen Charakter schaffen, um nicht mit diesem verwechselt zu werden, und − notfalls in Gegnerschaft zu ihm -- an Kraft gewinnen. Diese Aufgabe oblag den ersten christlichen Autoren. Aber nicht die Unterschiede der Lehre bildeten die Ursache des christlichen Antisemitismus; es waren die politischen und demographischen Erfordernisse, die dazu geführt haben, daß diese Unterschiede bewußt gesucht und erbittert für den Kampf eingesetzt wurden. Kurzum, der christliche Antisemitismus war dem aufkommenden Christentum *von Nutzen*, und dabei ging es weder um Biologie noch um Ökonomie, sondern um die kollektive Selbstbehauptung.

Die Entstehung des arabischen Antisemitismus (abermals kein glücklicher Terminus wegen der engen ethnischen und sprachlichen Verwandtschaft zwischen Juden und Arabern) weicht von diesem Muster nur geringfügig ab. In der ersten Zeit war der Prophet Mohammed den Juden Medinas kaum feindlich gesonnen, weil er hoffte, sie für seine Sache gewinnen zu können. In ihnen erkannte er die ältesten »Menschen des Buches«, ihre Konversion hätte also den außergewöhnlichen Charakter seiner Botschaft bewiesen. Sein Lockmanöver mißlang ihm jedoch, weil diese alten Experten des Messianismus, durch ihre Erfahrung mit mehreren aufeinander folgenden Messiasgestalten gleichgültig geworden, diesen neuen Kandidaten nicht ernst nahmen. Das zwang Mohammed zu einer taktischen Kehrtwendung; da er sich nicht mit der Hilfe der Juden behaupten konnte, versuchte er es in Gegnerschaft zu ihnen. Nachdem er sie ursprünglich als Zeugen für seine Erhabenheit ausersehen hatte, sollten sie nunmehr seine Großartigkeit durch ihre Erniedrigung beweisen. Er erklärte ihnen den Krieg im Namen des Islam, zunächst mit der Waffe, später als Kampf mit Worten. Jahrhunderte nach ihm nahm Luther einen ähnlichen Weg. Mit den Nachfahren des arabischen Propheten normalisieren sich die Verhältnisse: die Juden sind Besiegte, die im Verlauf der islamischen Expansion überall von den arabischen Eroberern unterworfen werden. Jetzt ist es selbstverständlich, daß sie Tribut entrichten – einen wirtschaftlichen Tribut, denn wozu wäre ein Krieg gut, wenn man aus ihm nicht auch diesen Nutzen zöge? Die »Sache«, die Lehre wird zu Hilfe genommen, schließlich muß man diese Erpressung rechtfertigen: So müssen die Feinde des wahren Glaubens behandelt werden! Auch wenn es keine ganz und gar Fremden sind, sondern

Blutsverwandte und Menschen einer verwandten Kultur. Von nun an kommt zum geistigen der wirtschaftliche Nutzen hinzu. Doch der geistige Nutzen wird niemals gänzlich verschwinden, wie die späteren Texte immer wieder belegen: Der Jude ist verachtenswert, weil er geschlagen, schwach und wehrlos, aber auch, weil er der lebende Beweis für Pflichtvergessenheit und Verblendung ist: Obwohl er die Wahrheit besser als jeder andere kannte, war er nicht bereit, sie anzuerkennen. Daher rührt sein historisches Elend und andererseits auch der berechtigte Ruhm des Siegers. Wir stoßen hier abermals auf die merkwürdige Mischung aus Aggressivität und Genugtuung der Christen gegenüber den Juden. Wie dem auch sei, die Araber haben die Juden nicht aus Judenfeindlichkeit unterdrückt, sondern sie waren judenfeindlich, weil sie die Juden unterdrückten.[17]

Als die Spanier von der Reinheit des Blutes — des ihrigen natürlich — sprachen, behaupteten sie damit implizit, daß das Blut der anderen, der Juden und der Mauren, unrein sei. Genau betrachtet ist eine solche Behauptung völlig sinnlos. Vielleicht war hier eine heimliche Furcht vor den Marannen[18] oder überhaupt allen Personen im Spiel, die mehr oder weniger im Verborgenen lebten. Jedenfalls können wir hierin eine bedeutsame Metapher sehen, wie sie in vergleichbarer Gestalt auch in der französischen Nationalhymne vorkommt. In dieser ist »das *unreine* Blut, (das) die Furchen unseres Bodens tränken soll«, das des Feindes und kann deshalb ohne Skrupel vergossen werden. Eigentlich lassen sich auf diese Weise sogar zwei Fliegen mit einer Klappe schlagen; das Blut dient auch als Dünger für den Acker. Ebenso ist die Reinheit des spanischen Blutes sozusagen ein bequemes Werkzeug. Indem sie einen radikalen Trennungsstrich zieht zwischen edlen Christen und unedlen Juden, selbst den konvertierten (die

Bekehrung zum Christentum ist kein ausreichendes Mittel zur Reinigung des Blutes), entzieht sie die Macht der ersteren jeglichem Zugriff. Diese Reinheit festigt im übrigen die Einheit der spanischen Nation, die aus einer lang anhaltenden Periode der Verunreinigung des Blutes hervorging, gegen die Konversionen der Marannen und anderer Mauren. Schließlich enthielt diese kollektive Zwangsvorstellung von der Reinheit auch ein sexuelles Element. In der Zeit der Besetzung durch die Araber haben die Spanier in großem Umfang etwas erfahren, das man verschämt als Fraternisierung bezeichnet und das eigentlich eine *Sororisierung* darstellt, da sich dabei einheimische Frauen mit den fremden Eroberern mischen. Die Proklamation der untilgbaren Reinheit des spanischen »Blutes« ist die Leugnung des Makels, der unerträglichen Schande so vieler befleckter Frauen – eine weitere Form des Nutzens.

Ein letztes Beispiel, das uns am nächsten ist: der Nationalsozialismus. Dieser jüngste Höhepunkt, dessen Verwüstungen der Seelen wie der Wohnstätten noch immer nicht ganz beseitigt sind, hat die ganze Welt durch seinen Schrecken fasziniert. Das liegt vermutlich daran, daß dies ein Grenzfall war: ein Höchstmaß an Zynismus ohne eine Spur von Moral. Alle Rassismen sind um ihre Rechtfertigung bemüht. Hier jedoch präsentiert sich das Interesse des Siegers ungeschminkt und ohne Vorbehalte; es blieb völlig gleichgültig, wer oder was geopfert werden mußte, wenn es um die Errichtung des Großdeutschen Reiches ging. Dies ist in gewisser Weise der Nutzen in Reinkultur. Damit erklärt sich zum Teil die fast unbegreifliche Monstrosität der von den Nazis ergriffenen Maßnahmen: Wenn ein menschliches Leben im Vergleich zu dem angestrebten Ziel keinen Wert mehr hat, wird es letztlich zu einem Gebrauchsgegenstand. Aus dem Fett des Menschen kann man Seife, aus seiner Haut Lampenschirme und aus seinen Haaren Filzschuhe herstellen. Dennoch blieb selbst diese äußerste Grenze aller Schrecknisse elastisch: Zwar propagierten die Nazis durchaus eine »Theorie« über die Juden — die Verkörperung des absoluten Bösen in der Gesellschaft — , aber diese fand keine Berücksichtigung, sobald die Produktion es erforderte. Sie bedienten sich jüdischer Arme, wenn es an Armen fehlte, und des mythischen Bildes vom Juden, wenn es ihnen für ihre Propaganda an Argumenten mangelte. Immer war der Nutzen bestimmend, nur seine Erscheinungsform war nicht immer dieselbe.

In dieser Hinsicht war der Jude ein ganz besonders bequemes Opfer. Da die negativen Klischees über ihn schon weit verbreitet waren, konnte er mühelos zur Kanalisierung der Aggressionen des deutschen Volkes sowie der von diesem unterworfenen übrigen Völker benutzt werden. Außerdem konnte der Jude ohne territoriale Zuflucht überhaupt keinen Widerstand leisten und genoß keinerlei wirksamen Schutz, so daß man in der Aggression sehr weit gehen konnte, bis hin zur kollektiven Tötung. Und so geschah es. Aber die Nazis verfuhren nicht anders mit Zigeunern und Homosexuellen, die ebenfalls als Untermenschen betrachtet und behandelt wurden. Es ist interessant festzuhalten, daß es sich auch hier um Minderheiten ohne jede Zufluchtsmöglichkeit handelte. Doch damit nicht genug, in *Mein Kampf* hatte Hitler obendrein die Notwendigkeit betont, ganz Europa vom Blut der Neger zu säubern. Die Franzosen, die er beschuldigte, durch ihre Mischung mit Schwarzen das Vordringen dieses Blutes bis an den Rhein ermöglicht zu haben, würden sich einer nachhaltigen Säuberung unterziehen müssen. Was wäre wohl geschehen, wenn die Nazis den Krieg gewonnen hätten?

Die Lehren aus der Geschichte liegen also auf der Hand. Der Rassismus beschränkt sich weder auf die Biologie noch auf die Ökonomie, die Psychologie oder auf die Metaphysik; *er ist eine vielseitig verwendbare Beschuldigung*, die von allem Gebrauch macht, was sich anbietet, selbst von dem, was gar nicht greifbar ist, weil sie es je nach Bedarf erfindet. Um zu funktionieren braucht er irgendeinen Aufhänger, die Hautfarbe, die Gesichtszüge, die Form der Finger oder den Charakter, die Sitten … Kann das alles nicht überzeugen, dann führt er ein mythisches Merkmal an: eine Eigentümlichkeit in der Beschaffenheit des Blutes oder einen altüberlieferten Fluch. Wenn man lange genug sucht, findet man immer etwas, mit dem sich jede beliebige Legende belegen läßt – Gerüchte oder auch den Kommentar zu traditionellen, interpretierten Texten. Selbst die Auseinandersetzungen der Juden mit ihrem eigenen Gott werden noch gegen sie gekehrt – waren sie etwa nicht von ihm dazu ausersehen, an den Pranger der Welt gestellt zu werden? Ähnlich hat man mir bereits in meiner Kindheit allen Ernstes die Ursprünge der Negersklaverei erklärt. Bekanntlich hatte Noah drei Söhne: Sem, der Stammvater der Semiten, empfing das Gesetz, Japhet, der Stammvater der Japhetiten, erbte das technische Wissen, und Ham, der Stammvater der Hamiten, also der Schwarzen, erhielt … gar nichts. Und deshalb ist die Tochter eines Schwarzen stumm, und deshalb können die Europäer mit dem Segen der Vorsehung die Afrikaner beherrschen. Das ist die erste Version der Erklärung der Kolonisation durch die »Kolonisierbarkeit« der Eingeborenen … Wie man sieht, kommt es auf die Grundlage solcher Behauptungen wenig an, sondern weit mehr darauf, daß sich der Rassismus auf diese Achse stützen und wie eine Wippschaukel funktionieren kann: *Der Ankläger erhöht sich, indem er sein Opfer erniedrigt.*

Das Zeugnis der Opfer...

Ich fand bald Gelegenheit, diese Schlußfolgerungen unter Zuhilfenahme von Mitteln, wie sie mir selbst nicht zu Gebote standen, zu bestätigen. Ausgehend von meiner eigenen Erfahrung, war ich hauptsächlich durch Intuition und gedankliche Anstrengung bis hierher gelangt. Einen Beweis für meine Behauptungen war ich schuldig geblieben; ich hatte mich damit begnügt, etwas zu zeigen, das ich auch hätte beweisen müssen. Es war der Zufall, der mir hierzu die Möglichkeit bot, und zwar gleich zweifach; zum einen über eine Reihe von Leserzuschriften und zum anderen über eine Untersuchung, die im Auftrag des MRAP (Mouvement contre le Racisme et l'Antisémitisme pour la Paix) durchgeführt wurde.

Als Reaktion auf meine Arbeiten über den Kolonialismus erhielt ich mehrere Zuschriften, in denen ich darüber informiert wurde, daß jene Mechanismen, auf die ich aufmerksam gemacht hatte, auch in anderen, ähnlichen Situationen wirksam waren. So bestätigten etwa meine Leser aus Quebec, daß ihr Zusammenleben mit den Anglokanadiern manche Ähnlichkeit mit einer kolonialen Situation aufwies. Sie luden mich ein, mich an Ort und Stelle selbst von der Richtigkeit ihrer Behauptung zu überzeugen, was ich einige Zeit später auch tat. Ich mußte ihnen einerseits recht geben, sie andererseits aber auch vor übereilten Gleichsetzungen warnen. Die annähernd koloniale Situation, in der sie mit den anglophonen Kanadiern verbunden waren, erhielt ihre besondere Färbung durch einen dritten, abwesenden und zugleich allgegenwärtigen Partner, die USA. Andererseits machte der relative Reichtum Quebecs die Stadt zu einer wirtschaftlich beneidenswerten Kolonie, und das war ungewöhnlich. Daneben gab es noch das besondere Verhältnis zu Frankreich, dem

Land ihrer Vorväter, dem ihre innere Orientierung und Sehnsucht galt und das weitgehend zu einem Mythos geworden war, da sich beide Seiten unabhängig voneinander weiterentwickelt hatten. Kurz, neben äußeren und inneren Ähnlichkeiten mit der klassischen Kolonisation gab es in Quebec Besonderheiten, die man ebenfalls berücksichtigen mußte. Allerdings erkannte ich bei den Anglokanadiern zahlreiche Züge des Kolonisators wieder, und sei es auch nur eine kaum verhohlene Verachtung für die Sitten, die Kultur oder die Sprache der Bewohner von Quebec, aus denen sie ihren Nutzen zogen. Es gab dort durchaus einen Rassismus in Ansätzen, auf jeden Fall aber eine offene Diskriminierung. Und es traf auch zu, daß die Frankophonen darunter litten und die Anglophonen darin ihre Vorteile fanden, die nicht nur wirtschaftlicher Art waren. Ich habe mich in mehreren Texten darüber geäußert, unter anderem in einem Interview mit dem Titel »Sind die Frankokanadier Kolonisierte?«, das einiges Aufsehen erregte und seitdem in Quebec immer neue Auflagen erlebte. Etwa um dieselbe Zeit übernahmen neu aufkommende feministische Bewegungen Parolen wie »Die Frau ist der Kolonisierte des Mannes« oder »Die Frau ist der Proletarier des Mannes«, die mir trotz eines gewissen Wahrheitsgehaltes ebenfalls nicht ganz angemessen erschienen. Die ökonomische Seite, so wichtig sie auch sein mag, ist bei der Unterdrückung der Frau nicht allein ausschlaggebend. Eine Frau, die sich ohne Begleitung auf der Straße befindet, hat Angst, völlig unabhängig von ihrem sozialen Status. Eine Änderung der wirtschaftlichen Verhältnisse wird wahrscheinlich nicht ausreichen, um auch die Lage der Frau zu verändern. (Man konnte es seitdem beobachten: Die Entwicklung der Antibabypille hat mehr für die Frau gebracht als alle gewerkschaftlichen Kampfmaßnahmen oder umfangreichen theoretischen Abhandlungen). Auch das Schema der kolonialen Situation wurde der Beziehung zwischen Mann und Frau in der Ehe nicht gerecht, die besonders komplexer Art ist und über das Herrschaftsverhältnis hinaus auch auf gegenseitiger Anziehung und Abhängigkeit sowie auf derselben elterlichen Verantwortung gegenüber den Kindern beruht. Beim Kolonisator und beim Kolonisierten kann man nicht gerade von gegenseitiger Zuneigung sprechen, und als solche üben sie auch keine erotische Anziehung aufeinander aus. Dennoch stieß ich auch hier jenseits der wichtigen Unterschiede auf jene Merkmale, wie sie für ein Verhältnis der Unterdrückung und Unterwerfung charakteristisch sind, z. B. eine systematische Entwertung der Frauen, aus der die Männer ihren Nutzen ziehen – alle Männer aus allen Frauen. Über all dies habe ich geschrieben. Auf diese Weise kam ich mit einer jungen Frauenbewegung in Berührung, der MFA (Masculin-Féminin-Avenir), der späteren MLF (Mouvement de la Libération des Femmes). Ihr widmete ich ein Buch über Simone de Beauvoir mit dem Titel *Plaidoyer d'un tyran* (Plädoyer eines Tyrannen), und der Tyrann war der Autor selbst, stellvertretend für alle Männer.

Am erhellendsten waren für mich jedoch die Begegnungen und die sich daran anschließenden Freundschaften mit den nordamerikanischen Schwarzen. Bei einem Herrschaftsverhältnis ist zumeist nur die Stimme des Unterdrückers zu vernehmen, was kaum überraschen kann, da er der einzige ist, der spricht. Er ist es, der beschuldigt, verleumdet, anderen sein Gesetz aufzwingt und sich äußert, um seine Aggression zu rechtfertigen. Das Opfer tut nichts anderes als zu klagen, was zumeist Unwillen auslöst. Aber selbst wenn es für sich plädieren wollte, wäre es dazu kaum in der Lage; die Stimme des Unterdrückten findet kaum Gehör, wenn sie nicht überhaupt systematisch erstickt wird. Im Gefühl seiner Ohnmacht oder schlimmer noch, aufgrund der Verinnerlichung seiner Niederlage schickt sich der Unterdrückte selbst in sein Schweigen. Dem gegenüber hat mich die Sprache der nordamerikanischen Schwarzen durch ihre Kraft und in gewisser Hinsicht durch ihre Unbefangenheit überrascht. So spricht der Schwarze in den USA z. B. im Gegensatz zu den meisten übrigen Unterdrückten offen über seine Biologie. Dem Angehörigen einer Minderheit[19], einem Kolonisierten oder einem Juden käme es kaum in den Sinn, als erstes von seiner biologischen Andersartigkeit zu sprechen. Es sind die Herrschenden, die diese gegen die von ihnen Beherrschten ausspielen, und letzere wehren sich schlecht und recht gegen ihre Verunglimpfung. Der Jude findet die Beschäftigung mit seinem biologischen Porträt eher lächerlich und betrachtet sie als Zeichen der Dummheit oder der Pervertiertheit seiner Peiniger. Der Schwarze in den USA hingegen nimmt seine physische Beschreibung beim Wort, reagiert aktiv und auf vielfache Weise darauf. In dieser Hinsicht gehört er eher in die Nachbarschaft der Frau. In einem damals verfaßten Text habe ich darauf hingewiesen, daß die Schwarzen beträchtliche Summen dafür aufwendeten, ihr dunkles Kraushaar bleichen und glätten zu lassen. Seither haben sich die Dinge wesentlich geändert. Ein *Gegenausschlag des Pendels* auch hier, denn heute betonen die nordamerikanischen Schwarzen ihre Eigenart und tragen das Haar wie die Schwarzen Afrikas. Nachdem sie zuerst die Kränkung wegen ihrer Körpermerkmale erlitten haben, verherrlichen sie diese nun. Man kann heute sogar erleben, daß Weiße aus Solidarität dieselbe, für sie umgekehrte Verhaltensweise annehmen. Manche jungen Leute treiben die Identifikation sogar so weit, daß sie sich eine »afrikanische« Frisur machen lassen: eine dichte, gekräuselte Mähne bei den Männern und zahlreiche feingeflochtene und mit Perlen geschmückte Zöpfe bei den Frauen.

Ich habe bereits oben und an anderer Stelle ausgeführt, was ich vom Gegenausschlag des Pendels und von den Gegenmythen halte, und komme darauf nicht mehr zu sprechen. So sehr ich diese Übertreibungen verstehe, so wenig kann ich sie gutheißen. Ich bin überzeugt, daß dem Unterdrückten ein Bärendienst erwiesen würde, wollte ich seinen wie auch immer gearteten Phantasiebildern nacheifern. Die Behauptung, Gott sei von schwarzer Hautfarbe, ist auch nicht berechtigter als die, er sei ein Weißer. Und es ist nicht wunderbarer, eine schwarze Haut und eine abgeplattete Nase statt einer hellen Haut und einer geraden Nase zu haben, so wenig es ruhmreicher ist, eine Vagina statt eines Penis zu haben – oder umgekehrt. Schwarzer, Jude oder eine Frau zu sein ist ebensowenig eine Tugend wie Weißer oder ein Mann zu sein. Demnach ist der – biologische oder sonstige – Gegenmythos die Antwort der Schäferin an den Schäfer, der allzulange eine schwarze Hautfarbe mit Häßlichkeit verwechselt hatte. Es war unvermeidlich, daß der Schwarze für eine gewisse, wie ich hoffe möglichst kurze Zeitspanne seine ihm eigene Biologie wieder für sich behauptete. Es war ihm unmöglich, den ihm aufgezwungenen Kampf endlos lange zu verweigern. Einer meiner schwarzen Freunde hat mir niedergeschlagen gesagt, »nichts zwingt einen Juden, sich als solchen zu erkennen zu geben; aber wie sollte ich es anstellen, nicht als Schwarzer erkannt zu werden?« Nachdem jedoch der Weiße ihm gegenüber lange Zeit hindurch behauptet hat, seine wulstigen Lippen seien eine Anomalie, mußte einmal der Tag kommen, da er ihm zur Antwort geben würde, die wirklich häßlichen Lippen seien die dünnen. Bislang hatte ein kaum verschleiertes Urteil den Weißen von vornherein privilegiert. Weil das Weiße als Norm galt, wurde das Schwarze zum Unnormalen. An dem Tag, an dem der Schwarze beschließt, daß er über sein Schönheitsideal selbst bestimmt, wird das weiße

Vorbild ungültig und seinerseits minderwertig. Wir wünschen uns, daß abermals ein Tag komme, an dem man endlich eingesteht, daß es viele Schönheitsideale gibt, die jeweils in ihrem eigenen Kontext Bewunderung verdienen.

Auf dem Weg dorthin würden wir einen großen Schritt weiterkommen, wenn wir endlich eine wesentliche Tatsache erkennen könnten: *Der Unterschied hat stets zwei Seiten.* Für die europäischen Einwanderer in Nordamerika waren die Indianer »Rothäute«, während sie von diesen als »Bleichgesichter« bezeichnet wurden. Die Männer halten die Frauen für schwach, ungeschickt und ineffizient, während die Männerwelt für die Frauen brutal und grob ist. Wer hat recht? Offensichtlich beide und keiner von ihnen. Dasselbe gilt für die egoistische Kurzsichtigkeit der Mitglieder dominierender Gruppen: Sie können nicht sehen, daß das Erstaunen, das Unbehagen gegenseitig ist. Immer wenn ein Unterschied zu Privilegien geführt hat, ist dies im Namen des Gesetzes des Siegers geschehen, das dieser mit eiserner Faust durchgesetzt hat. Das Schlimmste: Dieses besondere Gesetz, das von den Besiegten verinnerlicht wurde, ist zum einzigen anerkannten Gesetz geworden. Obwohl es auf der Hand liegt, macht man sich kaum bewußt, daß für einen Schwarzen eine Schwarze die schönste aller Frauen sein kann und daß für einen Grönländer ein Eskimobaby das hübscheste aller Kinder ist. In der Bibel heißt es »schön wie eine Äthiopierin«, um eine unbestreitbare Schönheit zum Ausdruck zu bringen; das kommt daher, daß Äthiopien damals ein mächtiges Reich war. Später wurden die Schwarzen überall unterjocht. Um die Sklaverei zu rechtfertigen, mußte man die biologischen Besonderheiten der Schwarzen entwerten. Alles läßt sich darauf zurückführen, die angebliche oder tatsächliche sexuelle Potenz der Schwarzen ebenso wie ihr angeblicher oder tatsächlicher spezifischer Körpergeruch. Wären die Sklaven rothaarig gewesen, hätte man auch dieses Körpermerkmal entwerten können, und wären die Rothaarigen die Herren gewesen, dann hätten sie die Blonden oder die Dunkelhaarigen herabwürdigen können.

...und die Bestätigungen durch die Erfahrung

Neben dieser Bestätigung durch zahlreiche Gespräche ermöglichte mir der Zufall eine experimentelle Überprüfung meiner Hypothesen.

Der bereits erwähnte antirassistische MRAP wollte seine Aktionen auf eine festere Grundlage stellen und suchte zu diesem Zweck nach stichhaltigeren Argumenten als die üblichen polemischen Erwiderungen auf die Behauptungen der Rassisten. Seine Verantwortlichen beschlossen, eine Untersuchung über den Rassismus in Frankreich in Auftrag zu geben, und boten mir an, diese durchzuführen, was ich annahm. Da ein solches Unternehmen jedoch die Möglichkeiten eines einzelnen überstieg, suchte ich die Unterstützung eines hervorragenden Soziologen, P. H. Maucorps, der außerdem über ein Team engagierter junger Sozialforscher verfügte, und wir machten uns an die Arbeit.

Zunächst stießen wir auf ein ziemlich verwirrendes Hindernis. Um die äußerst beschränkten Mittel des MRAP zu schonen, hatten wir vereinbart, unseren Fragebogen über seine Zeitschrift zu verbreiten, deren Leser von vornherein als Antirassisten gelten konnten. Unser Unternehmen geriet zum Paradox: Bei unserer Erforschung des Rassismus befragten wir ausgerechnet Personen, die diesen verurteilten – was uns später übrigens vorgeworfen wurde. Aber nach reiflicher

Überlegung beschlossen wir, uns diese paradoxe Lage zunutze zu machen. Wenn wir bei den vermuteten oder tatsächlichen Antirassisten rassistische Muster anträfen, dann wäre dies ein um so überzeugenderer Beweis dafür, daß der Rassismus eine verbreitete und tief verwurzelte Haltung war. Daß wir recht daran getan hatten, wurde durch unsere Ergebnisse in vollem Umfang bestätigt. (Im übrigen handelte es sich um eine Meinungsumfrage; da sich mit ganz wenigen Ausnahmen keiner der Befragten als Rassist bekannte, waren wir genötigt, sie als angebliche Beobachter zu behandeln).

Das auf der Grundlage der ausgefüllt zurückgesandten Fragebögen verfaßte Buch[20] weist die für derartige Untersuchungen typischen Mängel auf: Es ist zu detailliert und etwas zu dick. Aber die Beschreibungen, die festgestellten Korrelationen und die Schlußfolgerungen, zu deren Veröffentlichung wir uns berechtigt glaubten, haben sich bis auf den heutigen Tag immer wieder bestätigt. Die Sorgfalt und die Gründlichkeit der Analyse ermöglichten uns, die unterschiedlichen Anzeichen für rassistische Meinungen, Einstellungen und Verhaltensweisen genau zu erfassen und sie mit den verschiedenen Typen der Opfer in Beziehung zu bringen: Juden, Araber, Schwarze, Zigeuner usw. Wir trieben die Genauigkeit unserer Erhebung so weit, daß wir diese rassistischen Äußerungsformen auch im Hinblick darauf untersuchten, an welchen Orten und zu welchen Zeitpunkten sie zutage traten.

Für mich hat diese Untersuchung die Hypothesen bestätigt: *Jenseits der Unterschiede, die sich aus den unterschiedlichen Konstellationen zwischen den Rassisten und ihren jeweiligen Opfern ergeben, fanden sich die allgemeinen Mechanismen des Rassismus fast identisch überall in der ganzen Gesellschaft wieder;* in unserem Fall quer durch alle Gruppen der französischen Gesellschaft, unabhängig von den verschiedenen Umständen, unter denen der Rassismus sich manifestiert.

Zwar habe ich dieselbe Untersuchung in keinem anderen Land erneut durchgeführt, aber meine Erfahrungen mit schwarzen US-Bürgern, nordafrikanischen Kolonisierten und Frankokanadiern in Quebec berechtigen zu der Annahme, daß derartige Erhebungen in anderen Ländern an unseren Ergebnissen nichts Wesentliches ändern würden. In der Einleitung und im Schlußkapitel jenes Buches, deren Abfassung mir von meinen Freunden übertragen wurde, habe ich meine Definition des Rassismus wiederholt und auf seine weite Verbreitung hingewiesen, diesmal freilich im Licht der Ergebnisse unserer »Feld-Forschung«.

II. DEFINITIONEN

Die Gesetze der Logik sind nicht immer die des Lebens. Methodisch korrekt hätte die Definition erst am Ende dieser langen Untersuchung stehen dürfen. Tatsächlich hatte ich jedoch bereits mehrfach eine solche Definition versucht. Und als Lucie Faure, die Redakteurin von *La Nef*, eine Sondernummer über den Rassismus herausbringen wollte und mich bat, daran mitzuarbeiten, bedurfte es keiner besonderen Mühe mehr, einen Aufsatz mit dem Titel »Der Rassismus – Versuch einer Definition« zu schreiben.[1] Ich ging von den vier Merkmalen aus, die ich im »Porträt des Kolonisierten« bereits skizziert und in meinem Buch *Portrait d'un Juif* weiterentwickelt hatte, und erläuterte sie ganz spinozistisch Punkt für Punkt durch einen Kommentar. Die in diesem Text aufgestellten Behauptungen bildeten die Arbeitshypothese der Untersuchung für den MRAP. Später nahm ich sie in meinen *L'Homme Dominé* auf, wo sie um eine Abschlußbemerkung erweitert und unter der Überschrift »Rassismus und Unterdrückung« eine Art Resümee darstellten.

Der Artikel »Rassismus« aus der *Encyclopaedia Universalis* bildet den Endpunkt meiner langen geistigen Wanderung. Gegenüber meinen früheren Texten weicht er allerdings in zwei wesentlichen Punkten ab.

Er hält an einem Begriff des Rassismus im engeren, d. h. im biologischen Wortsinne fest. Ich habe damit einem Einwand Rechnung getragen, der gegen mich erhoben wurde. Zwar habe ich inzwischen genügend oft betont, daß für mich *die biologische Beschuldigung trotz ihrer weiten Verbreitung, zumindest bei unseren Zeitgenossen, nicht das Wesentliche am Rassismus ist*. Sie dient ihm lediglich als Vorwand und Entschuldigung. Aber es ist dennoch sinnvoll, wenigstens formal die rein biologische von anderen Formen der Beschuldigung zu unterscheiden, und das habe ich in diesem Artikel getan.

Die zweite Präzisierung, die ich dort vorgenommen habe,

bezieht sich auf die Funktion des Rassismus. Ich hatte alles in allem gezeigt, daß *der Rassismus* jenseits der Wahnvorstellungen, der unlogischen und widersprüchlichen Argumente des Rassisten *eine Funktion hat*: In der Hauptsache signalisiert und legitimiert er eine Herrschaft. Ist es erforderlich, diese Herrschaft durch eine möglichst knappe Definition im Hinblick auf die Vorteile, die sie verschafft, näher zu erläutern? Ich habe diese Frage nach reiflichem Nachdenken bejaht. Im übrigen ist die Schwierigkeit nicht allzu gravierend; es ist eher eine Frage der Formulierung, und ich komme sogleich darauf zurück. Demgegenüber war ich mir über eine grundsätzliche Tatsache von Anfang an im klaren: *die organische Verbindung zwischen Rassismus und Herrschaft.*

Selbstverständlich bin ich auch nach wie vor überzeugt, daß der Rassismus oder allgemeiner der Mechanismus, der ihm zugrundeliegt und dessen Sonderfall er bildet, all das in sich vereinigt und symbolisiert, was ich beschrieben habe, zumindest auf diesem Gebiet. Unter diesem Blickwinkel enthält er alles, und man kann alles in ihm wiederfinden: Herrschaft und Unterwerfung, Aggression und Angst, Ungerechtigkeit und Verteidigung von Privilegien, die Rechtfertigung des Herrschenden und seine Selbstbeschwichtigung, den Mythos und das negative Bild des Beherrschten und schließlich die Zerstörung, die Vernichtung des Opfers zum Vorteil seines Peinigers. Das alles natürlich nur unter der Voraussetzung, daß man diesen allgemeinen Charakter der rassistischen Denk- und Handlungsweise erkennt. Es ist kein Zirkelschluß, bei dem ich bereits voraussetze, was ich erst noch beweisen müßte; wir brauchen uns lediglich auf Verhaltensweisen zu stützen, die sich überall in großer Zahl beobachten lassen.

Enge und weite Bedeutung des Begriffs

Fassen wir zusammen: Es gibt zweifelsohne den Rassisten im engeren Sinne des Wortes, der unter Berufung auf *biologische* Unterschiede den anderen unterdrückt und daraus seinen Nutzen zieht; der überzeugt ist, diese unterschiedlichen Merkmale ließen sich zu kohärenten Bündeln zusammenfassen, die er als *Rassen* bezeichnet – die unreine und hassenswerte Rasse des anderen und die eigene, reine und bewundernswerte; der unter Berufung auf diese besondere Überlegenheit vorgibt, ein Recht auf andere Privilegien zu haben, etwa solche wirtschaftlicher, politischer oder psychologischer Art, oder einfach auf höheres Ansehen.

Aber ebenso unstreitig gibt es den Rassisten im weiteren Sinne – auf den dieser Begriff eigentlich nicht mehr paßt –, der die biologischen Unterschiede möglicherweise auch sieht, sie jedoch nicht zur Grundlage seiner Beschuldigungen macht. Trotzdem geht es auch ihm darum, sich selbst auf- und den anderen abzuwerten, und am Ende verfällt er in dieselbe Verhaltensweise: nämlich in verbale oder physische Aggression, so daß sich schließlich der eine Rassismus ohne ein Verständnis des anderen nicht zureichend begreifen läßt. Da außerdem der Rassismus im weiteren Sinne wesentlich stärker verbreitet ist, schien es mir sinnvoll, den biologischen Rassismus, historisch eine relativ junge Erscheinung, einer allgemeineren und viel älteren Verhaltensweise unterzuordnen.

Wie dem auch sei, ich habe die Möglichkeit gesehen, *zwischen diesen beiden Bedeutungen des Rassismus zu unterscheiden und sie gleichzeitig in einer gemeinsamen Definition zusammenzufassen.*

Noch einmal: Eine Definition des Rassismus

Der Rassist im strengen Wortsinne behauptet nachdrücklich die Existenz biologischer Unterschiede: Farbe der Haut, Form der Nase, Form und Größe des Schädels, Krümmung des Rückens, Körpergeruch, Zusammensetzung des Blutes oder gar die Art sich zu bewegen, zu gehen oder aus den Augen zu schauen... Alles hat man schon gehört. Für den Rassisten sind das offenkundige Tatsachen.

Natürlich kann man diese bestreiten, kann ihm Böswilligkeit oder ein beeinträchtigtes Wahrnehmungsvermögen vorwerfen, seine mangelnden Informationen brandmarken und seine falsche Wissenschaft entlarven. In vielen Fällen kann man unschwer beweisen, daß es sich um fiktive Unterschiede handelt, die im Interesse seiner Sache erfunden oder umgedeutet wurden. Vergebens: In seinen Worten und seinem Verhalten tut er weiterhin so, als ob sie tatsächlich existierten. Daraus ergibt sich unzweifelhaft, daß die Hervorhebung von tatsächlichen oder eingebildeten Unterschieden lediglich ein bequemes Werkzeug für etwas ganz anderes ist, nämlich die Infragestellung eines Opfers.

Daraus ergibt sich als logische Konsequenz: *Die Merkmale des anderen tragen stets ein negatives Gewicht*; sie bezeichnen etwas Schlechtes. Zum zweiten bedeuten sie zugleich, daß die Merkmale des Rassisten gut sind. Halten wir diesen umgekehrten Zusammenhang fest: Man findet ihn überall wieder, selbst wenn er nicht immer offen zutage liegt und selbst wenn die Logik der Argumente nicht immer dieselbe ist. Um eine Wendung zu gebrauchen, die mir bei der Untersuchung des Verhältnisses von Herrschaft und Unterwerfung sowie von Abhängigkeit und Fürsorglichkeit gute Dienste geleistet hat, können wir sagen, daß der Rassist und sein Opfer eine *Dyade* bilden: Der Rassist ist liebenswert, weil sein Opfer verabscheuungswürdig ist. Die Welt des Rassisten ist die des Guten, die Welt seines Opfers die des Bösen.

Daraus ergibt sich schließlich eine pragmatische Schlußfolgerung, die der Rassist für ebenso legitim hält: Er muß sich und die Seinen gegen die Beschmutzung durch dieses Böse, gegen jede — auch nur denkbare — Aggression dieser anderen schützen — indem er notfalls als erster angreift. Die Juden haben krumme Finger, feuchte Hände und eine Schnorchelnase, woran sich ihr Geschick ablesen läßt, anderen Leuten das Geld aus der Tasche zu ziehen; *aus diesem Grund* erfordert es die Selbstverteidigung, daß man Antisemit ist. Verglichen mit den Weißen verfügen die Schwarzen über eine perverse sexuelle Potenz; *aus diesem Grund* muß man die weißen Frauen und die weiße Rasse schützen, selbst wenn man hierfür bis zur Lynchjustiz gehen müßte.

Nun wird diese relative Kohärenz im aggressiven und eigennützigen Wahn des Rassismus im engeren Wortsinne *gerade durch die Existenz des Rassismus im weiteren Sinne bestätigt.* Auffälligerweise hat nach meiner Kenntnis bislang niemand Einwände gegen meine Definition des Rassismus im engen Wortsinne erhoben, die auf rein biologischen Unterschieden beruht, obwohl diese von vielen gar nicht angeführt werden, während man sich gegen die zweite, allgemeinere Definition gesträubt hat, die doch allein den Schlüssel zum Rassismus im biologischen Sinne liefert.

Dabei habe ich auch hier nichts anderes getan, als eine Feststellung zu treffen. Dieser Mechanismus eines mit Argumenten betriebenen, kompensatorischen Ausschlusses anderer, mit dem eine reale Vertreibung vorbereitet wird, findet sich auch in einer Vielzahl anderer menschlicher Beziehungen, in denen die Biologie entweder gar keine oder nur eine schwer bestimmbare Rolle spielt. Er ist Bestandteil eines mehr oder weniger verworrenen Ganzen, wo Angst und Aggression herrschen, wo die Angst zu Aggression führt und diese wiederum Angst auslöst. Genauer gesagt, die Angst bewirkt Aggression, diese löst beim anderen ebenfalls Aggression aus, und diese weckt ihrerseits Angst. Wie so oft bei menschlichen Beziehungen ist dies ein Kreislauf, der sich selbst am Leben erhält und erneuert. Deshalb könnte eine Beschreibung des Rassismus bei der Angst oder Aggression ansetzen: Die eine bringt die andere hervor, wie die Henne das Ei und das Ei die Henne. *Der Rassist ist ein Mensch, der Angst hat*; er hat Angst, weil er der Angreifer ist, und er greift an, weil er Angst hat; ein Mensch, der Angst vor einem potentiellen Angriff hat oder glaubt, man greife ihn tatsächlich an; der schließlich angreift, um seine Angst zu bannen. Woher kommt diese Angst vor einem Angriff? Im allgemeinen daher, daß man irgendein Gut an sich bringen oder verteidigen will. Ich habe mich genug darüber geäußert, welche unterschiedlichen Formen dieses Gut annehmen kann. Jedenfalls muß die Integrität des individuellen und des kollektiven Ichs, das vorgeblich oder tatsächlich bedroht ist, gegen alles verteidigt werden, das von außen kommt oder nicht dazugehört. Die Verteidigung nötigt jedoch zur Offensive und umgekehrt. Sobald man selbst zum Angreifer wird, muß man sich auch darauf gefaßt machen, selbst Schläge einzustecken; so nährt Angst die Angst und Aggression die Aggression. Wie man sieht, *ist die Behauptung der Rasse ein Mittel zu dieser Behauptung des Ichs.* Es ist ein verabscheuungswürdiges Mittel, aber eines unter vielen, die der Festigung der Gemeinschaft dienen, der Steigerung ihrer Charakterzüge und der Erniedrigung der anderen. Es ist kein Zufall, daß sich der Nationalismus häufig als Chauvinismus entpuppt, d. h. als aggressive Herabsetzung der übrigen Nationen.

Im übrigen wird das Argument von der Überlegenheit der eigenen Rasse, da es mittlerweile in Verruf geraten ist, von zahlreichen Rassisten bereitwillig aufgegeben... Deshalb werden jedoch ihre Vorwürfe nicht weniger, noch verzichten sie darauf, weiterhin ihresgleichen — wenn man das in diesem Fall so sagen kann — anzugreifen. Sie haben so viele andere negative Merkmale, die man ihnen vorwerfen kann! Die Psychologie, die Kultur, die Sitten, die Institutionen, selbst die Metaphysik steuern ihr Teil an Ärgernissen bei. Die Rassisten verabscheuen die Araber jetzt nicht mehr wegen ihrer sonnenverbrannten Haut oder ihrer levantinischen Gesichtszüge, sondern weil sie — »machen wir uns doch nichts vor« — einer lächerlichen Religion anhängen, ihre Frauen schlecht behandeln, grausam oder einfach rückständig sind. Gut, nicht alle Juden gleichen dem »ewigen Juden«, nicht alle haben krumme Finger und eine gebogene Nase; aber »man muß zugeben«, daß sie im allgemeinen raffgierig sind, kein Vaterland kennen und zum Verrat neigen, und außerdem schrecken sie nicht einmal davor zurück, Gott zu opfern, so steht es schon im Evangelium. Die Deutschen, die Engländer oder die Italiener weisen keine körperlichen Eigentümlichkeiten auf (obwohl die Italiener ...), aber in jedem Deutschen steckt ein Preuße und heutzutage ein Industrieller, der es nicht lassen kann, ganz Europa zu schulmeistern; in jedem Briten steckt ein unfairer Gegner, der niemals darauf verzichtet hat, die Meere zu beherrschen oder Frankreich die Gurgel abzuschnüren, und der heute in der Europäischen Gemeinschaft nichts anderes als seine Eigeninteressen verfolgt (als hätten die übrigen Partner selbstlosere Ziele). Und die Italiener? Die sind alle schlampig, feige und klauen wie die Raben — man braucht nur an die trostlosen und lächerlichen Roten Brigaden zu denken. Dann sind da, seit einiger Zeit, auch noch die Japaner zu nennen (die sich mittlerweile wie alle übrigen Industrieländer verhalten; allerdings sind die Zeiten anders – früher haben die Kolonialländer nicht gezögert, militärische Gewalt anzuwenden, so z. B. im Opiumkrieg). Und dann auch noch die Araber, die die Ölpreise diktieren wollen! (Genau wie alle anderen, die ein Monopol halten) ... All dies bedeutet *gleichzeitig*, daß der Franzose hingegen humanistisch, maßvoll, fair und großzügig ist (manchmal bis zur Dummheit, aber das liegt an einer Übertreibung seiner Vorzüge!), seine Zeit und Arbeit richtig einteilt (nicht zuviel wie die Deutschen und nicht zuwenig wie die Italiener), mutig ist (nicht wie die Italiener), aber nicht gehorsam (wie die Preußen)... Man braucht zu allen Mängeln der übrigen Völker nur das Gegenstück zu nehmen, um das positive Bild zu erhalten, das der Franzose von sich selbst hat.

Natürlich kann diese doppelte Beschreibung je nach dem persönlichen Blickwinkel des einzelnen modifiziert werden. Jeder verfügt über seinen eigenen Vorrat an Bildern, die für ihn selbst sehr vorteilhaft, für die anderen jedoch wenig schmeichelhaft ausfallen. (Bei jedem einzelnen und in jeder Gruppe finden sich natürlich auch Einstellungen und Verhaltensweisen der Selbstentwertung bis hin zur Selbstzerstörung, doch das ist ein Thema für sich.) Das alles ist widersprüchlich und sollte eigentlich für jeden von uns Grund zur Bescheidenheit oder zu einer weisen Ironie uns selbst und der ganzen Menschheit gegenüber sein. Doch dazu bräuchte man Vorstellungsvermögen und die Bereitschaft, sich in die Lage und das Denken der anderen hineinzuversetzen. Genauer, man müßte aufhören, Rassist zu sein, da der Rassismus für die Ungleichheit eintritt. Es ist von geringer Bedeutung, ob die einzelnen Merkmale jeder Beschreibung ein zusammenhängendes Ganzes bilden oder nicht. Es geht nicht um eine Logik der Argumentation, sondern um eine Logik anderer Ordnung: die der Angst und der Emotionen.

Kurz, obwohl ich gewillt war, einen Unterschied zwischen den Rassisten im engeren und jenen im weiteren Sinne zu machen, mußte ich doch den ganz *allgemeinen Mechanismus* anerkennen, mit dem der Rassismus eine so große Ähnlichkeit aufweist wie ein Sohn mit seinem Vater, ein Mechanismus, der ihn ankündigt und in sich birgt. Ich mußte also *eine offenere Definition* formulieren, die *alle* vorgebrachten Vorwände, die biologischen ebenso wie alle übrigen, berücksichtigte. Und das war das Ergebnis:

Der Rassismus ist die verallgemeinerte und verabsolutierte Wertung tatsächlicher oder fiktiver Unterschiede zum Vorteil des Anklägers und zum Nachteil seines Opfers, mit der seine Privilegien oder seine Aggressionen gerechtfertigt werden sollen.

Eine Definition, man verzeihe die Wiederholung[2], ist lediglich ein Werkzeug, eine Arbeitshypothese. Ist sie zu weit, so verfehlt sie ihr Ziel, weil sie nichts angemessen erfassen kann. Ist sie zu eng, so läßt sie zuviel von jener Wirklichkeit unberücksichtigt, die sie eigentlich erfassen soll. Ich konnte nichts mehr weglassen, wie Pascal einmal gesagt hat, noch hielt ich es für nötig, ausführlicher zu werden. Ich habe mich bemüht, mit möglichst wenigen Worten möglichst viel zu sagen. Ich durfte nicht über der Eleganz der Formulierung das Wesentliche vergessen und mußte gleichzeitig verhindern, daß sie überladen wurde und zur bloßen Beschreibung geriet. Ich behaupte auch nicht, alle mit diesem diffizilen Gegenstand verbundenen Schwierigkeiten behoben zu haben, aber ich glaube, daß die Definition alles enthält, um diese auflösen zu können.

Der Haupteinwand, der gegen mich erhoben wurde, lief letztlich auf folgendes hinaus: Diese weitgefaßte Definition läuft Gefahr, das Besondere des Rassismus und der von ihm vorgebrachten Beschuldigung aus den Augen zu verlieren, das darin liegt, daß dieser sich grundsätzlich auf die Rasse und die Biologie beruft. Dieser Einwand ist jedoch objektiv falsch: Viele Leute reden und verhalten sich wie Rassisten, fühlen sich jedoch nicht getroffen, wenn man ihnen dies vorwirft. Im übrigen fällt die formale Antwort auf diese Schwierigkeit nicht schwer; nichts spricht dagegen, *zwei* Formulierungen derselben Definition vorzulegen, eine Definition des Rassismus im engeren, biologischen Sinne und eine im weiteren, allgemeineren Sinne.

Hier ist mir nun zufällig der Gott der Sprache zu Hilfe gekommen. Das ganze Problem konzentriert sich am Ende auf diesen Begriff des Biologischen, so daß es genügt, ihn hinzuzufügen oder wegzulassen, um die Definition im engeren bzw. weiteren Sinne zu erhalten, ohne daß sich hierdurch an der vorangegangenen Analyse etwas ändern müßte. Dann lauten die Formulierungen: »Der Rassismus ist die Wertung tatsächlicher oder fiktiver *biologischer Unterschiede* usw.« oder allgemeiner »Der Rassismus ist die Wertung von tatsächlichen oder fiktiven *Unterschieden*«.

Andere haben mir geraten, die Definition noch knapper zu fassen, ohne daß sie mich jedoch überzeugen konnten. Für kurze Zeit war ich versucht, einfach zu schreiben, daß *der Rassismus die Ablehnung des anderen ist.* Das ist zwar richtig, aber so unzureichend, daß es an Verfälschung grenzt. Bereits die Gleichgültigkeit ist eine Form der Ablehnung, und außerdem ist nicht jede Ablehnung aggressiv oder entwertend. Ich kann einen anderen ablehnen und trotzdem seine Überlegenheit auf diesem oder jenem Gebiet anerkennen. Es gibt Leute, die keine Juden mögen und ihnen dennoch bestimmte Qualitäten einräumen. Andererseits kann das einem Opfer oder einem Angeklagten erwiesene Kompliment auch vergiftet sein, wenn etwa der Jude *zu intelligent* ist (um nicht sarkastisch zu sein), der Levantiner eine Spur *zu liebenswür-*

dig ist (um keine Hintergedanken zu haben). Gewiß ist es manchmal schwer, in der Ablehnung überhaupt keine Feindseligkeit zu entdecken, aber schließlich ist man nicht verpflichtet, alle Welt zu mögen. Es ist vielleicht ein schönes Ideal, doch hier kommt es zunächst darauf an, dem anderen keinen Schaden zuzufügen. Im übrigen ist zwar jeder Rassismus ein Angriff, aber nicht jeder Angriff ist rassistisch. Nicht einmal Präventivschläge, die gegen einen Feind geführt werden, sind ein unwiderlegliches Zeichen für Rassismus; man kann einen Gegner sogar achten und bewundern. Der Rassismus entspringt einem bestimmten Beweggrund: Er benutzt eine besondere Denkfigur, die eine ganz bestimmte Funktion erfüllen soll. Es wäre nicht einmal ausreichend zu sagen, der Rassismus sei die aggressive Ablehnung des anderen, weil diese Ablehnung einem bestimmten Zweck dient und durch bestimmte Argumente gerechtfertigt wird. Seine Definition muß dieser Komplexität Rechnung tragen; deren übermäßige Straffung würde dazu führen, daß das Eigentümliche des Rassismus aus dem Blickfeld gerät.

Dasselbe gilt für die *Zweckbestimmtheit* des Rassismus. Auch hier sind wieder zwei Formulierungen möglich, eine im engen und eine im weiteren Wortsinne, je nachdem, ob man bei der Aggression allgemein bleibt oder auch deren Nutzen benennen möchte, eine Herrschaft also oder bestimmte Privilegien. In einigen meiner Texte ist von Privilegien nicht die Rede, weil ich eine Zeitlang der Meinung war, daß diese in dem Begriff der *Aggression* mitgedacht seien. In den meisten Fällen wird ein Privileg nur dann als solches sichtbar, wenn es als eine Ungerechtigkeit wahrgenommen wird, vor allem, wenn diese den Ärmsten der Armen widerfährt. Ein Vorzug, der von allen genossen wird, bedarf keiner Rechtfertigung. Eine Herrschaft wird erst dann als etwas Schlechtes erlebt, wenn man sie als fortwährende Aggression empfindet. Nach reiflicher Überlegung habe ich den Begriff des Privilegs jedoch wieder eingeführt, weil er eine nützliche Präzisierung, eine zusätzliche Dimension der Erklärung bedeutet. Man kann sich mit der Frage nach dem *Wie* begnügen, deren Antwort lautet: der Rassismus ist eine Aggression. Man kann aber auch nach dem *Warum* der Aggression fragen: Der Rassismus ist eine Aggression, die ihren Grund in der Angst hat, ein Gut zu verlieren, das man besitzt, oder von einem Gegner angegriffen zu werden, dem man ein bestimmtes Gut abjagen will und den man eben deshalb beherrschen muß, kurz in der Verteidigung eines tatsächlichen oder potentiellen Vorteils.

Jedenfalls geht der Dualismus, sofern es einen solchen überhaupt gibt, in dem Mechanismus auf, der allen Formen des Rassismus gemeinsam ist: der Angst und der Aggression, die sich gegenseitig hervorbringen. Jedes feindselige Unternehmen ist von Angst begleitet. Wollte man sich völlig unbehelligt fühlen, müßte man sich einen Gegner oder ein Opfer vorstellen, die so wehrlos wären, daß man überhaupt kein Risiko eingänge. Der Rassismus ist außerdem eine vorbeugende Reaktion auf die mehr oder weniger unvorhersehbare Reaktion des Gegners. Die Angst ist in mancherlei Hinsicht immer gegenwärtig: Entweder hat man Angst, weil man sich darauf vorbereitet, den anderen anzugreifen, oder man hat sowieso Angst vor jedem anderen. Man fürchtet sich vor dem Unbekannten, man hat Angst, von ihm überwältigt zu werden, man hat Angst, von ihm irgendeines materiellen oder symbolischen Gutes beraubt zu werden: »Sie nehmen unsere Plätze ein«, »Sie nehmen uns unsere Frauen und Töchter weg«, »Wir sind nicht mehr unter uns...«. Die Bedrohung kann sogar subtilerer Art sein: Während ich mit der Korrektur an den Druckfahnen der französischen Originalausgabe dieses Buches beschäftigt war, hat mir eine Gruppe von Sonderpädagogen eine Frage gestellt, die sie sehr bewegte: Besteht eine Verwandtschaft zwischen dem Rassismus und der Einstellung sogenannter normaler Bürger gegenüber körperlich und geistig Behinderten? Ich glaube schon. Man stößt hier, zumindest anfangs, auf dieselbe angstgeleitete Abwehr, manchmal auf die Andeutung einer defensiv gefärbten Aggression und vielleicht sogar auf einen heimlichen Wunsch nach Vernichtung. Auch hier sind leider die Extremfälle am aufschlußreichsten. Der Nationalsozialismus hat versucht, die Geisteskranken auszurotten, und ich bin nicht sicher, ob die Befürworter der Sterbehilfe nicht vom selben Unbehagen bewegt werden. Dasselbe gilt für die Abschiebung körperbehinderter Opfer von Verkehrsunfällen in Dörfer, in denen sie »unter sich«, d. h. außerhalb von uns leben können. Warum empfinden wir eine solche Ablehnung, wenn nicht deshalb, weil der Behinderte uns ein Bild von uns selbst vorhält, das unser seelisches Gleichgewicht, eines unserer kostbarsten Güter überhaupt, in Gefahr bringt?

Wenn wir damit eine Warnung aussprechen, so nicht, um Schuldgefühle zu wecken. Im Gegenteil, die Bewußtwerdung dessen, was uns insgeheim beunruhigt, kann uns behilflich sein, mit den Behinderten besser zurechtzukommen. Ich füge hinzu und wiederhole, daß dieses Unbehagen zwar ein Beweggrund für rassistische Verhaltensweisen sein kann, selbst aber noch kein Rassismus ist. Dieser beginnt eigentlich erst dort, wo man die Aggression mittels der Entwertung des anderen vorbereitet oder rechtfertigt, wo man den Mechanismus der ideellen Zerstörung des Gegners in Gang setzt, mit dem seine konkrete Beraubung und Zerstörung eingeleitet werden.

Im Grunde besteht die einzige Schwierigkeit außerhalb der Formulierungsprobleme in der Antwort auf die Frage, ob es immer Privilegien gegeben hat und geben wird. Sie ist entscheidend, weil von ihr alles andere abhängt: Wenn es immer ein Gut gibt, das man einem anderen entreißen kann oder vor diesem schützen muß, dann ist der Rassismus *immer möglich*. Ich kann es nur ein weiteres Mal bestätigen: Es bleibt mir nichts anderes übrig, als diese Frage wenigstens zum gegenwärtigen Zeitpunkt zu bejahen.

Im Fall des Wohlhabenden liegt die Antwort auf der Hand. Dennoch könnten wir zur Sicherheit einen Grenzfall konstruieren. Es gibt erst dann Privilegien, so haben wir gesagt, wenn es das Bewußtsein einer Ungerechtigkeit gibt. Ein Privilegierter, der von seinen Rechten zutiefst überzeugt wäre, würde kein Bedürfnis verspüren, Rassist zu werden. Es ist zu vermuten, daß ein herrschendes Individuum oder Kollektiv, das unter keinerlei Selbstzweifeln litte, nicht einmal daran dächte, sich zu rechtfertigen. In diesem Fall wäre der Rassismus völlig nutzlos. So hat man gegen mich eingewandt, daß manche Kolonisatoren, die an der Rechtmäßigkeit der Kolonisation keine Zweifel haben, nicht eine der Reaktionsbildungen zeigen, die ich ihnen zugeschrieben habe. Das mag sein, auch wenn ich bisher noch keinem von ihnen begegnet bin. Statt dessen war ich immer wieder Zeuge von mehr oder weniger überzeugten Versuchen der Rechtfertigung, von Beschuldigungen, die der eigenen Entschuldigung dienen sollten. Einer der besten französischen Soziologen, Roger Bastide, hat mir gegenüber geäußert, die Angehörigen der europäischen Großbourgeoisie seien keine Rassisten, was durch ihr Weltbürgertum und die Unbefangenheit bewiesen werde, mit der sie nach dem Vorbild der gekrönten Häupter Mischehen eingingen. Auch davon bin ich nicht völlig überzeugt. Weder ein weltbürgerlicher Habitus noch Mischehen haben jemals eine Fremdenfeindlichkeit verhindert. Wir können es vielleicht so ausdrücken, daß sie aufgrund ihrer Situation die Relativität der Individuen und der Kulturen besser erkennen können und sich weniger leicht täuschen lassen. *Aber der Rassismus ist zudem ein Selbstbetrug:* Man muß sich genauso über sich selbst wie über die anderen täuschen, um an die eigene vollkommene Überlegenheit und die vollkommene Rechtmäßigkeit des eigenen Tuns zu glauben. Das Gefühl der Überlegenheit des Rassisten gründet sich auf eine hierarchische Beziehung zwischen ihm und seinem Opfer, eine Ungleichheit oder sogar Überlegenheit von gelegentlich objektiver Natur, da der Rassist häufig im Besitz *objektiver Privilegien* ist. Dennoch kann man einarmig, mittellos oder nur mäßig begabt sein und sich trotzdem jedem Schwarzen oder jedem Araber überlegen fühlen, und wären diese noch so reich, schön oder mit akademischen Würden ausgestattet. Halten wir fest, daß beim Wohlhabenden die Heftigkeit, mit der er seine Argumente vorbringt, d. h. der daran abzulesende Rassismus im umgekehrten Verhältnis zu seiner Überzeugung stehen, ein Zusammenhang, der bereits sehr lehrreich ist.

Sobald es jedoch Privilegien gibt, die als solche wahrgenommen und erlebt werden, und seien sie noch so relativ oder lächerlich, setzt der Mechanismus der Aufrechnung ein. »Die Eingeborenen haben nur das, was sie verdienen« waren die stereotypen Worte eines unserer Lehrer am Lycée Carnot in Tunis, eines ansonsten ehrenwerten Mannes, dem es jedoch als Nutznießer eines kleinen Anteils an der Kolonisation nicht gelang, seine Schuldgefühle zu überwinden. »Sie sind Nichtstuer und Lügner, unfähig, ihre Felder richtig zu bestellen, gerade gut genug für ›arabische Arbeit‹, während die Arbeiter in meiner Heimat ...usw.« Ohne daß ihm der Widerspruch bewußt wurde, kam er sodann auf dieselben Arbeiter seines Mutterlandes zu sprechen und verriet uns, daß er von ihnen eine noch viel schlechtere Meinung hatte. »Sie hätten nur wie ich in die Kolonie zu kommen brauchen! Auch sie hätten ihren Anteil an der Kolonisation bekommen!

Aber«, so stieß er zutiefst verächtlich hervor, »sie zogen die Niedrigkeit ihres kleinen Lebens dem Abenteuer vor!« Wir sollten einsehen, daß er aus diesen Vorteilen nur deshalb einen Nutzen zog, weil er sie verdient hatte, weil er ein Abenteurer war. Wenn die anderen, die Unterlegenen, die Eingeborenen, die Arbeiter im Elend lebten, so darum, weil sie sich schuldig gemacht hatten. Die Erinnerung an solche und ähnliche Äußerungen hat mir später bei der Niederschrift des »Porträts des Kolonisierten« sehr geholfen.

Der Rassismus des Verarmten

Die Frage, auf die letztlich alles hinausläuft, lautet: Gibt es auch einen Rassismus des Beherrschten? Ich habe diese Frage bereits bejaht und glaube sogar, daß dieser Rassismus zwei Formen annehmen kann. Zum einen kann er sich natürlich gegen jene richten, die noch ärmer dran sind als der Beherrschte selbst, und irgendein Ärmerer findet sich immer. Ich habe diese *Pyramide der kleinen Tyrannen* vor dem Hintergrund der Kolonialgesellschaft beschrieben[3], deren Gerüst sie bildet, aber ich bin letztlich überzeugt, daß man sie überall findet. Gerade jetzt, während der Niederschrift des Manuskripts zu diesem Buch, sind die Zeitungen voll vom empörenden Verhalten einiger kommunistischer Bürgermeister, die mit ungewöhnlich brutalen Mitteln nordafrikanische Arbeiter aus deren Wohnheimen vertrieben haben. Man wirft ihnen einerseits wahltaktisches, andererseits rassistisches Verhalten vor. Offensichtlich passen die beiden Vorwürfe nicht zusammen. Entweder handelten die Bürgermeister aus wahltaktischer Berechnung oder aus Überzeugung. Nun glaube ich nicht, daß die französischen Kommunisten von einem Tag auf den anderen zu Rassisten geworden sind, aber vielleicht ist alles viel schlimmer: Als erfahrene Politiker, die ihre Anhängerschaft gut kennen, *haben sie den potentiellen Rassismus ihrer Gefolgsleute zum Ausdruck gebracht.* Es genügt ein flüchtiger Blick auf die Rechtfertigungen, die sie für ihr Verhalten gegeben haben: Jungverheiratete, so die Stadtväter, könnten keine Sozialwohnungen mehr beziehen, die Kinder der Arbeiter fänden keine Plätze mehr in den Tagesschulen, sprächen wegen des Zusammenlebens mit Ausländerkindern immer schlechter Französisch, die Einwanderer machten abends zuviel Lärm auf der Straße, verpesteten beim Essenkochen das ganze Treppenhaus (als ob ein Käseauflauf keine Gerüche verbreitete), hätten eine aufdringliche Musik (als wäre der Krach aus einer Diskothek nicht ebenfalls nervtötend), sie machten alles kaputt usw. usw. Nun sind das genau dieselben Klischees, die von den französischen Arbeitern zur Charakterisierung der Nordafrikaner verwendet werden. Den kommunistischen Bürgermeistern ist nur vorzuwerfen, daß sie sich diese nur allzu realen Ressentiments zunutze gemacht haben. Aus einer 1977 vom Institut Louis Harris durchgeführten Meinungsumfrage geht hervor, daß sich feindselige Einstellungen gegenüber Juden und Nordafrikanern überwiegend bei Arbeitern und Rentnern finden. Aber wie kommen die französischen Arbeiter zu dieser Einstellung? Sie sind überzeugt, daß die Einwanderer die wenigen Vergünstigungen gefährden, die ihnen noch geblieben sind. So paart sich diese Feindseligkeit z. B. häufig mit der Angst vor Arbeitslosigkeit. Der Habenichts mag noch so schlimm dran sein; es gibt immer noch andere, denen er etwas voraus hat, und sei es auch in einer anderen Hinsicht.

Hinzu kommt, daß es der Arbeiter ist, der im täglichen Umgang mit den Einwanderern lebt, und nicht der Bewohner der guten Wohnviertel; und wie wir gesehen haben, löst die Andersartigkeit ein Unbehagen aus, dem der Unterdrückte anscheinend nicht entgehen kann. Wir haben vor kurzem erlebt, wie in einer Stadt in der Umgebung von Paris *quer durch alle Bevölkerungsschichten* die Gemüter erhitzt wurden, weil die islamischen Einwanderer eine Moschee errichten wollten. Man ertrug sie, solange sie unauffällig blieben, aber man fand sie unerträglich, sobald sie wirklich und wahrhaftig ein eigenes Leben führen wollten mit einem ungewöhnlichen Monument aus Stein und bald dem fremdartigen Ruf des Muezzins. Übrigens war bei dieser Gelegenheit immer wieder die Rede von einer angeblichen *Toleranzschwelle*, die von manchen weit zutreffender als Intoleranzschwelle bezeichnet wurde. Als ob das Übel in der mehr oder weniger starken Konzentration dieser toxischen Substanz im kollektiven Organismus läge. Nur hätte sich mit dem Bau der Moschee weder an der Zahl noch am Wesen der dort ansässigen Moslems etwas geändert. Damit bestätigt sich, daß das Übel nicht beim Opfer, sondern beim Ankläger zu suchen ist, der bei Gelegenheit seinen latenten Rassismus erkennen läßt.

Gibt es also auf der anderen Seite einen Rassismus des Armen gegen den Reichen? Auch wenn diese Frage noch befremdlicher klingt, die Antwort fällt abermals positiv aus. Zwar ist es zum Teil ein Rassismus als Reaktionsbildung, aber er unterliegt denselben Mechanismen wie jeder andere Rassismus. Man denke nur an die Bilderbögen von Epinal, auf denen die Besitzenden dargestellt sind, die Kapitalisten oder die kleinen Grundbesitzer; man hält sie für pervers und häßlich, d. h. für bösartig und biologisch schlecht. Fügen wir noch hinzu, daß *generell* jeder Bourgeois a priori dieser beiden Merkmale verdächtig ist, die wir beim Rassismus jedweder Art festgestellt haben. Vom Hüttenmeister bis zum kleinen Grundbesitzer im 19. Jahrhundert, den Vorläufern der

heutigen großen und kleinen Unternehmer, sind sie alle habgierig, graumsam und besessen von einem zügellosen Sexual-
trieb, welcher die Töchter des Volkes bedroht. Im Gegensatz
dazu ist der Arme, der Proletarier, von schönem Äußeren,
gut gewachsen und tugendhaft. Auch hier erkennt man ohne
weiteres die Bewegung der Wippschaukel: die Hervorhebung
von Unterschieden, auch hier biologischer oder fiktiver Art,
um sich selbst auf- und den Gegner abzuwerten. Hier zeich-
net sich bereits am Horizont die Rechtfertigung einer möglichen Aggression ab: individuell (»jeder Arbeitgeber ist ein
Feind«) wie kollektiv (Notwendigkeit der Revolution).

Wenn der Rassismus des Armen weniger ins Auge fällt, so
darum, weil er Entschuldigungen geltend macht: Ausgeschlossen von zahlreichen Genüssen, Objekten seiner Wünsche, die er sich zudem besonders märchenhaft vorstellt, weil
sie ihm vorenthalten werden, allzuoft beraubt und manchmal
sogar vernichtet, wie sollte er da keine Trauer empfinden und
keinen Groll gegen jene hegen, die er für die Urheber seiner
Mittellosigkeit hält und die es häufig tatsächlich auch sind?
Und vor allem kann er seinen heftigen Gefühlen keine Luft
machen, weil dieser Aufruhr seiner Seele kaum Konsequenzen hat, abgesehen von revolutionären Erschütterungen oder
impulsiven Handlungen, für die er hart bestraft wird. Deshalb beschränkt sich der Rassismus des Beherrschten auf die
Ebene der Meinung. *Der Rassismus des Armen ist in der Regel ein Rassismus, dem man die Zähne gezogen hat* . . ., sofern er sich nicht gegen jene richtet, die noch ärmer sind als
er.

Die Verallgemeinerung

So bestätigt also die wiederholte Beobachtung die weite Verbreitung des Phänomens. Wenn ich dies in dem einen oder anderen Gelegenheitstext nicht eigens betont habe, so darum, weil es mir selbstverständlich erschien.[4] Mehr noch, ich bin überzeugt, daß diese weite Verbreitung zum eigentlichen Wesen des Rassismus gehört. Das wird an zwei weiteren seiner Merkmale deutlich, der Verallgemeinerung und der Verabsolutierung.

Es trifft zu, daß diese beiden Eigenschaften der rassistischen Wertung nicht immer erkennbar sind. Es hat manchmal den Anschein, als begnügte sich der Rassist damit, eine bestimmte Person schlecht zu machen, ohne etwas Grundsätzliches über ihren Charakter oder ihre Gruppenzugehörigkeit anzuführen. Je länger ich darüber nachdenke, desto weniger glaube ich an diese Möglichkeit; in solchen Fällen bleibt vielmehr die Verallgemeinerung implizit. Man braucht nur ein wenig an der Oberfläche zu kratzen, um erneut auf die *doppelte Verallgemeinerung* zu stoßen. Die Beschuldigung richtet sich fast immer zumindest implizit gegen *fast alle Mitglieder der Gruppe*, so daß jedes andere Mitglied derselben Beschuldigung ausgesetzt ist, und sie ist *zeitlich unbegrenzt*, so daß kein denkbares Ereignis in der Zukunft dem Prozeß jemals ein Ende machen kann.

Die Aussage, daß dieser oder jener schwarze Arbeiter unfähig sei, die Technik zu beherrschen, besagt nichts anderes, als daß kein Schwarzer dazu fähig sei, d. h., daß *so gut wie alle* Schwarzen technisch unterlegen seien. Der einer Frau gegenüber geäußerte Vorwurf, sie habe »lange Haare und einen kurzen Verstand«, weil sie eben eine Frau ist, trifft *alle* Frauen. Wenn der Rassist nicht umhin kann, die beruflichen, künstlerischen oder wissenschaftlichen Leistungen einer Frau anzuerkennen, gibt er nur scheinbar sein Vorurteil auf, indem er sagt: »Das ist eben eine der Ausnahmen, welche die Regel bestätigen.«

Die Sozialisation

Diese Tendenz zur Verallgemeinerung wird noch verstärkt durch die unausweichliche *Sozialisation des Rassismus,* und zwar so sehr, daß man auch hier kaum von Rassismus sprechen kann, wenn diese fehlt. Der Rassismus hat zwar seine Wurzeln im Bereich der Emotionen und Affekte, aber seine Herausbildung erfolgt auf der sozialen Ebene: *Der Rassismus ist unter anderem ein kollektives Urteil,* das der zukünftige Rassist von Kindheit an vorfindet – in der Luft, die er atmet, in den Reflexionen seiner älteren Verwandten, in den Kulturtraditionen, in der Schule und auf der Straße, in den Zeitungen und schließlich auch in den Schriften von Männern, die ihm als bewunderungswürdig zur Lektüre empfohlen werden und die im übrigen auch wirklich bewundernswert sind. Hier und da finden sich bei Voltaire, Balzac oder Gide Bemerkungen, an denen sich ihre Abneigung gebenüber Juden ablesen läßt. Der Jude, der Araber, der Schwarze oder auch der Korse, der Italiener und Deutsche sind regelrechte literarische oder filmische Figuren und seit einiger Zeit auch Helden von Comics. Der Wortschatz, Reservoir und Gedächtnis der Gemeinschaft, bringt diese feindseligen Charakterisierungen zum Ausdruck: Der Araber ist der Kameltreiber, Knoblauchfresser oder Kanake, der Jude ist der Itzig, der Jud, der Italiener der Itaker, Spaghetti oder Makkaronifresser, die

Deutschen sind für den Franzosen die Boches oder die Krautfresser usw. Es fällt auf, daß der Erfindungsreichtum für derartige Bezeichnungen mit der Verschärfung sozialer Konflikte zunimmt; man hat in dieser Hinsicht während des Algerienkrieges ein wahres Feuerwerk erlebt, und während der deutschen Besatzung in Frankreich wurden zahlreiche Schimpfnamen für die Deutschen erfunden. Diese Charakterisierungen kanalisieren, festigen und nähren ihrerseits die individuellen Wahrnehmungen und Erfahrungen. *Der Rassismus ist eine kollektive Ausdrucksweise im Dienst der Emotionen des einzelnen.*

Der Rassismus wird sogar zweifach durch Sozialisation vermittelt: über seine Sprache und über sein Objekt. *Er ist die von einer Gruppe formulierte Sprache, die sich wiederum an eine Gruppe richtet.* Die Funktion des Rassismus wird durch diese Entindividualisierung noch deutlicher. Das Individuum wird nicht mehr für sich betrachtet, sondern als Mitglied einer sozialen Gruppe, deren Eigenschaften es zwangsläufig a priori besitzt. Zugleich verdient die gesamte Fremdgruppe, der das Stigma des Schädlichen und Aggressiven anhaftet, daß man sie angreift; umgekehrt verdient jeder Angehörige der Fremdgruppe a priori die Sanktion, die durch derartige Makel heraufbeschworen wird. Sofern der Rassist überhaupt die Vorzüge einer bestimmten Person anerkennt, tut er dies mit Erstaunen und Bedauern. »Es gibt überall anständige Menschen«, räumt er ein, was soviel heißt wie: »selbst in Ihrer Gruppe, die ansonsten eigentlich nichts taugt«. Oder noch deutlicher: »Sie sind nicht wie die anderen,« »ich habe einen jüdischen Freund, der . . .«, was für alle übrigen Juden kaum schmeichelhaft sein kann, die von dieser Beschuldigung samt der potentiellen Bestrafung nicht ausgenommen werden. Außerdem ist selbst für diese »Ausnahmen, welche die Regel bestätigen«, die Aussetzung des Urteils nur eine vorläufige. Beim geringsten Fehler, beim kleinsten Faux-pas klärt sich das Mißverständnis, und der Schuldige wird das, was er schon immer war: der verdorbene Teil eines ver-dorbenen Ganzen – »im Grunde genommen sind sie alle gleich!« Der Argwohn verschwindet niemals ganz, er wird lediglich auf Eis gelegt, verschleiert durch eine vorläufige Nachsicht gegenüber einem, der sie nicht verdiente, wie sich hinterher ja gezeigt hat.

Die Verallgemeinerung gibt am Ende dem Rassisten immer recht: »Ich hab's Ihnen ja gesagt«, »ich wußte genau, daß man sich in acht nehmen muß«. Auch hier stößt man wieder auf die Funktion: Die systematische Feindseligkeit war eine zusätzliche Bequemlichkeit. Wer einem notwendig schlech-ten Wesen gegenüber stets auf der Hut ist, weiß sich vor Überraschungen sicher. Auf jeden Fall hält er den Zigeuner erst einmal für einen potentiellen Dieb. Deshalb paßt er bei diesem Zigeuner da genau auf, und ein wachsamer Mann zählt doppelt. Es ist unerheblich, daß dieser Zigeuner nicht den geringsten Diebstahl begangen hat. Aber wenn er einen hätte begehen wollen, dann hätte man ihn von vornherein daran gehindert; das ist eine Sicherheitsmaßnahme, eine zweifache, praktische und logische Garantie, die die Argu-mentation des Rassisten schützt und vollendet. So oder so wird dieser Zigeuner, der gar kein Dieb ist, weder potentiell noch tatsächlich, als solcher behandelt. Aber das stört den Rassisten nicht, eben weil er ein Rassist ist.

Die andere Form der Verallgemeinerung, so haben wir ge-sagt, ist die zeitliche Unbegrenztheit der Beschuldigungen. Auch hier ist offensichtlich, wie eng sie mit dem Prozeß der Sozialisation verknüpft ist. Der Rassist möchte in dem Stem-pel, den er dem Gesicht seines Opfers aufdrückt, dessen *end-gültige* Züge sehen. Nicht nur, daß das Opfer einer Gruppe angehört, deren Mitglieder *alle* diese Makel tragen, sie tun es außerdem *für immer*. Damit hat alles seine Ordnung für die Ewigkeit. Ein für allemal sind die Bösen böse und die Guten gut, bleiben die Herrschenden auf der einen und die Sklaven auf der anderen Seite. »Der Schwarze beherrscht die Technik nicht« soll heißen, daß er sie noch *niemals* beherrscht *hat* und *niemals* beherrschen *wird*. Man hat es ja beim Kolonisierten gesehen: Nie hat er etwas von der Industrialisierung, von der Wissenschaft oder vom Fortschritt begriffen, er wird es auch nie begreifen ... bis zur Entkolonialisierung.

Einmal mehr findet man das Bequeme an der biologischen Beschuldigung bestätigt. Die Unterlegenheit ist dem Kolonisierten, dem Schwarzen oder der Frau ins Fleisch eingeschrieben, man möchte gar nicht, daß sich daran etwas ändert. Es ist ein Schicksal, und welches Schicksal wäre unabänderlicher als das der Biologie? Der Schwarze ist unwiderruflich schwarz, die Frau unwiderruflich Frau: *Die Biologie ist in der Tat eine Abbildung der Schicksalhaftigkeit.* Das Opfer des Rassisten war hierzu vorherbestimmt und dazu verdammt, es bis ans Ende aller Tage zu bleiben — welch bessere Garantie für die Privilegien gäbe es als die Ewigkeit? Auf diese Weise wird aus der gesellschaftlichen und zeitlichen Verabsolutierung eine metaphysische Gewißheit. Und es ist in der Tat ein *Übergang zum Absoluten: Der* Jude, *der* Schwarze, *der* Araber, *der* Zigeuner, selbst *die* Frau werden zu Figuren des absoluten Bösen. Der Jude, von Gott zur Verdammnis bestimmt, verantwortlich für die Tötung Gottes, stört auf immer die moralische und kosmische Ordnung; und von den Schwarzen ist ernsthaft behauptet worden, ihre Hautfarbe erinnere an die unheildrohende Finsternis. Man denke nur an die Figur der Lilith, die andere Frau Adams und Vorläuferin des Vamps, der Femme fatale, die den Mann verschlingt, wobei sie ihn zuvor bald seines Geldes, bald seines Geschlechts beraubt. Der Rassismus erfährt seine höchste Steigerung in der Metaphysik oder der Theologie — halten sich die Metaphysiker und Theologen nicht für zuständig in allen Fragen der Ewigkeit? Allerdings geht es hier um negative Absolutheiten.

Negation und Vernichtung

Es ist, nebenbei gesagt, nicht zu verkennen, daß die *Negation* nur den Auftakt zur Vernichtung darstellt. Man mag darüber streiten, inwieweit diese Tatsache dem Rassisten bewußt ist; wahrscheinlich wären die gemäßigten Rassisten, wenn man diesen Ausdruck verwenden will, erschrocken, wenn ihnen die Endstation des rassistischen Unternehmens zu Bewußsein käme: der Friedhof. Dennoch läßt sich nicht bestreiten, daß wir es hier mit einem — mehr oder weniger verschleierten, mehr oder weniger eingestandenen — fortschreitenden Prozeß der zunächst symbolischen Zerstörung, der Entmenschlichung des Opfers zu tun haben. Manche Rassisten gehen gar nicht so weit, dem Schwarzen oder dem Kolonisierten einen gewaltsamen Tod zu wünschen, sie finden sie höchstens komisch. Aber auch deren Leiden oder Tod ruft bei ihnen eher Belustigung als Mitgefühl hervor; für sie handelt es sich eigentlich gar nicht um menschliche Wesen, die eine Mutter oder einen kleinen Sohn haben, sondern um eine Art Tiere. Es ist leichter, dem Untergang, der Ausrottung von Tieren entgegenzusehen als der von Menschen. Die Anfänge dieser Betrachtungsweise gegenüber den Schwarzen lassen sich übrigens genau datieren, sie fallen mit dem Aufkommen des Handels mit Negersklaven zusammen. Ich habe die starke Vermutung, daß dies auch die — zweifellos kaum bewußten — Gefühle vieler waren, als sie von der systematischen Ausrottung der Indianerstämme in Südamerika erfuhren: hier geschieht eine gigantische Treibjagd auf Tiere mit menschlichem Antlitz. Gelegentlich kommt dieser Wunsch nach Vernichtung auch unverhüllt zum Ausdruck. Wie oft habe ich in der Kolonie jene Redensart mitangehört, die ein Scherz sein sollte: »Wir stellen ein Zehntel der Bevölkerung des Landes — man braucht nur jedem von uns ein Gewehr und neun Patronen zu geben, und das Problem ist erledigt.«

Möglicherweise liegt hier auch der Schlüssel zu den Übertreibungen der Beschuldigung. Das Ganze ist eine Umkehrung: Man bezichtigt das Opfer des absoluten Bösen, weil man ihm das absolut Böse wünscht. Der Jude wird des Tötens beschuldigt, weil man ihm den Tod wünscht. (Das Argument, er vergifte die Brunnen und verdiene deshalb den Tod, muß richtig so verstanden werden: Ich will, daß er stirbt, deshalb klage ich ihn der Brunnenvergiftung an; die Behauptung, der Schwarze sei eine Macht der Finsternis und verdiene, daß er dorthin zurückgeschickt werde, erhält ihren wahren Sinn erst durch die Umkehrung: Ich wünsche ihn in die Hölle, deshalb behaupte ich, daß er dieser entsprungen sei). Zum Glück nehmen nicht alle Ausgrenzungen einen solchen extremen Verlauf, auch nicht bei den Frauen, trotz der Steinigungen und der Scheiterhaufen für die »Hexen« ...

Rassismus und Heterophobie

Zum Schluß ein Wort zur Terminologie; es liegt auf der Hand, daß ein solcher Versuch der Klärung sich notwendig auch in der Terminologie niederschlagen muß. Die Unklarheiten in der Diskussion um den Rassismus rühren zum Teil von der Mehrdeutigkeit des Begriffes selbst her. Im strengen Wortsinne bezieht sich der Terminus ausschließlich auf die Biologie; erst später ist ihm aus Gründen der Bequemlichkeit eine umfassende Bedeutung zugewiesen worden. Viele denken überhaupt nicht an Biologie, wenn sie von Rassismus sprechen. Diese Laxheit des Sprachgebrauchs ist übrigens nicht so ganz abwegig, da zwischen beiden Geltungsbereichen des Begriffs eine Verwandtschaft besteht.

Es stellt sich für mich die Frage, ob es im Interesse einer Beseitigung der Unklarheiten nicht geboten war, die doppelte Bedeutung durch zwei unterschiedliche Begriffe zu kennzeichnen, die genügend nahe beieinander lagen, um die Verwandtschaft beider Phänomene anzudeuten. Um den Unterschied der beiden Bedeutungen durch eine formale Unterscheidung sichtbar zu machen, habe ich folgendes vorgeschlagen.

Der Begriff *Rassismus* paßt genau für die biologische Bedeutung, und ich schlage vor, ihn zukünftig *ausschließlich für den Rassismus im biologischen Wortsinne* zu gebrauchen. Demnach wäre nur der ein Rassist, der biologischen Unterschieden zwischen den Menschen den höchsten Rang einräumt. Bei einer Einigung auf diesen Gebrauch des Wortes könnte man zahlreiche Dispute oder Rechtfertigungen sparen, die am Kern des Problems vorbeigehen. Viele Menschen mit Einstellungen und Verhaltensweisen der Ablehnung anderer bestehen gleichwohl darauf, daß sie dies nicht im Namen einer biologischen Theorie oder Weltanschauung tun. Es wäre ungerecht, darauf keine Rücksicht zu nehmen, auch wenn sich bei ihnen unter Umständen ein latenter Rassismus nachweisen ließe.

Zur Kennzeichnung der Einstellungen und Verhaltensweisen dieser Gruppe eignet sich nach meinem Dafürhalten recht gut der Begriff *Heterophobie*. Damit ließen sich jene phobischen und aggressiven Konstellationen begrifflich fassen, die gegen andere gerichtet sind und mit unterschiedlichen − psychologischen, kulturellen, sozialen oder metaphysischen − Argumenten gerechtfertigt werden, und von denen der Rassismus im engeren Sinne lediglich eine Variante wäre. Soweit ich sehe, gibt es die Begriffe »Heterophobie« und »heterophob« in keinem Wörterbuch, aber ich bin zuversichtlich, daß die Notwendigkeit einer solchen Unterscheidung und der Gebrauch dieser Wortschöpfungen zu ihrer Durchsetzung beitragen. Viele glauben sich von der Sünde des Rassismus gereinigt, wenn sie weder auf die Farbe der Haut noch auf die Form der Nase oder die Breite der Lippen achten: Sind sie weniger zu verurteilen, wenn sie andere wegen ihres Glaubens oder ihrer Sitten angreifen, die anders sind als die eigenen?

Mit dem Begriff der *Heterophobie* läßt sich auch ein weiteres terminologisches Problem lösen, das jüngeren Datums ist. Man hat die Frage gestellt, ob man auch bei jener Ächtung, der gelegentlich die Jugendlichen, die Frauen, die Homosexuellen beiderlei Geschlechts oder auch die Behinderten ausgesetzt sind, von Rassismus sprechen sollte. Von Rassismus im engeren Sinne offensichtlich nicht. Und dennoch, man mag darin eine Ironie des Schicksals oder die Bestätigung für die Wichtigkeit des Unterschiedes sehen, obwohl es bislang zuwenig beachtet wurde: Sowohl bei den Frauen als auch bei den Jugendlichen gibt es sehr wohl *biologische*, wenn nicht sogar rassische *Merkmale*. So sagte etwa einer meiner verheirateten Freunde mit einem Anflug von fragwürdigem Humor, »ich weiß nicht, ob es eine jüdische Rasse gibt, aber die Frauen, die sind wirklich eine Rasse für sich.« Selbstverständlich hätte eine Ehefrau sich umgekehrt genauso über das männliche Geschlecht äußern können. Und ebenso bestehen biologische Unterschiede zwischen älteren Menschen und Jugendlichen: Jedenfalls könnte man mit dem Begriff *Heterophobie* alle Spielarten einer aggressiven Ablehnung des anderen erfassen, und umgekehrt hätte er den Vorteil, daß man ihn leicht in seine verschiedenen Formen ummünzen könnte. Statt von Antisemitismus zu sprechen, einem offensichtlich ungenauen Terminus, könnte man den Begriff *Judenphobie* gebrauchen, der eindeutig die Angst vor dem Jüdischen und dessen Ablehnung bezeichnet; dasselbe gilt für die Begriffe *Negrophobie, Arabophobie* usw. Es bleibt dem Vergnügen des Lesers überlassen, entsprechende Begriffe für die aggressive Ablehnung und Entwertung der Frauen, Jugendlichen, Homosexuellen, Greise usw. zu suchen.

Noch ein letztes Wort zu diesem Thema. Ich möchte meine Hand weder für diese Unterscheidungen noch für den Wortlaut der Definiton ins Feuer legen. Ich hatte einfach den Eindruck, daß sich zunehmend das Fehlen einer erweiterten Definition sowie zweier Begriffe für die entsprechenden Gegenstandsbereiche bemerkbar gemacht hat. Über die Einzelheiten meines Vorschlags kann man diskutieren. Bei der Wahl des geeigneten Terminus habe ich immer wieder gezögert; zunächst schien mir »Alterophobie« genauso geeignet wie Heterophobie. Ich habe diesen Begriff jedoch aus Purismus wieder aufgegeben, weil seine Wortbestandteile dem Griechischen und dem Lateinischen entlehnt sind (*alter* und *phobie*), obwohl wir uns ja an derlei Wortungetüme seit langem gewöhnt haben, man denke nur an Sozio-logie. Aber wenn man schon eine Neuerung einführt, dann sollte man sich nicht mit Halbheiten zufriedengeben. Dasselbe gilt für die Neuschöpfung »Ethnophobie«, die den Vorzug hat, die Ablehnung einer Gruppe als solcher zum Ausdruck zu bringen, eines der Hauptmerkmale des Rassismus. Damit wäre ich jedoch Gefahr gelaufen, mich zu sehr auf den kollektiven Aspekt zu beschränken; eine rassistische Beschuldigung kann sich auch gegen einzelne Individuen richten, selbst wenn diese später in einem Kollektiv aufgehen. Nicht anders verhält es sich mit »Xenophobie«, einem Begriff, der den Vorteil hat, daß es ihn bereits gibt, und der wegen seiner sprachlichen Wurzel höchst geeignet gewesen wäre. Hier mußte ich mich allerdings dem bisherigen Gebrauch dieses Wortes fügen, der ihm die Bedeutung der Ablehung von Fremden vorbehält. Aber unsere Ablehung gilt nicht allein den Fremden, sofern mit »fremd« nicht alles gemeint ist, das anders ist als wir — im Hinblick auf das Alter, das Geschlecht, die soziale Schicht usw. Damit aber würden wir die Bedeutung dieses Wortes zu sehr überdehnen. Wie man sieht, hat es langer Überlegungen bedurft, bis ich mich am Ende für das Begriffspaar *Rassismus* und *Heterophobie* entschlossen habe.

Mit »Rassismus« soll ausschließlich die Ablehnung des anderen unter Berufung auf rein biologische Unterschiede, mit »Heterophobie« soll die Ablehung des anderen unter Berufung auf Unterschiede jedweder Art gemeint sein. Damit wird der Rassismus zu einem Sonderfall der Heterophobie.

Mein Vorhaben mußte also darin münden, formal eine einzige Definition zu finden, mit der zugleich der Dualität beider Begriffe Rechnung getragen wurde.

III.
GEGENMASSNAHMEN

Von einem Autor darf man keine unmittelbaren Anwendungen seiner Analyse verlangen. Manchmal ist er nicht einmal in der Lage, sie zu erkennen. Häufig sind es andere, findigere Geister, die dies für ihn übernehmen. Ebensowenig kann man ihn für seine theoretischen Ergebnisse verantwortlich machen, wenn sich die praktischen Konsequenzen, die sich daraus ergeben, als unannehmbar erweisen. Trotz dieser einleitenden Einschränkungen sind glücklicherweise in unserem Fall die praktischen Folgerungen dieser Untersuchung offensichtlich, und die Lage ist nicht völlig hoffnungslos.

Philosophie des Rassismus

Welche Schlußfolgerungen ergeben sich nun aus dem Gesagten? Die erste ist die erschreckende *Banalität des Rassismus*, in Anlehnung an einen Ausdruck von Hannah Arendt.[1] Eines Tages wurde ich von der in Paris erscheinenden Zeitschrift *Evidences* gebeten, die Zuschriften der Zuschauer nach einer Fernsehsendung zu analysieren.[2] Es gab tatsächlich Anlaß zu erschrecken. Man hätte nicht gerade behaupten können, alle Zuschauer seien Rassisten. Viele von ihnen verurteilten den Rassismus nachdrücklich; viele waren darauf bedacht, ihm nicht zu erliegen. Dennoch entdeckte ich, daß die Unschuld nur selten vollkommen ist und daß der Teufel in unterschiedlicher Gestalt auftreten kann. Einige von denen, die ihre Tugend beteuerten, hatten zumindest *eine* schmutzige Hand. Dem einen, der nichts gegen Araber hat, sind immerhin die Juden verdächtig; der andere, der nach eigenem Bekunden einen arabischen Schwiegersohn akzeptieren würde, hätte indessen Bedenken, wenn seine Tochter einen Schwarzen heiraten wollte. Ein Dritter würde sie wiederum einem Juden »geben«, aber sicher nicht einem Araber. Die von ihnen angeführten Gründe waren nicht allesamt unsinnig: »Man muß auch an die anderen Leute denken«; »eine Mischehe ist riskanter«; »Mischlingskinder haben es im Leben schwerer« usw. Andere, weniger harmlose Begründungen waren von der Art »ich bin zwar kein Rassist, aber...«, »trotzdem muß man zugeben, daß die Juden...«, »... daß die Zigeuner...«, ohne daß die, die sie äußerten, gemerkt hätten, wie entlarvend ihre Einschränkungen waren: *die* Juden, *die* Zigeuner, das hieß offensichtlich *alle* Juden, *alle* Zigeuner und war demnach ein Verdammungsurteil a priori über jedes Individuum, das zur Gattung der Juden oder der Zigeuner gehörte. Auch hier treffen wir wieder auf eine implizite Verabsolutierung. So hatte ich bereits vor der methodischen Untersuchung des Problems »die Franzosen und der Rassismus« bei der Durchsicht dieser spontanen Zuschauerbriefe die Erfahrung gemacht, daß sich der Rassismus je nach dem Opfer, den örtlichen und zeitlichen Umständen in unterschiedlicher Weise zu erkennen gibt. Der eine äußert sich nur im engsten Kreis seiner Vertrauten offen, während sich der andere sogar öffentliche Exzesse gestattet. Wieder andere, welche die privat geübten Bräuche ihrer Mitbürger, die Minderheiten angehören, bereitwillig achten, würden deren öffentliche Pflege mißbilligen. Man hat es bei der Diskussion um den Bau der bereits erwähnten Moschee oder um ein marokkanisches Kulturzentrum in einem Pariser Arrondissement erlebt. Einige noch raffiniertere oder naivere Zuschauer wollten, wie sie schrieben, die Randgruppen schützen, und rieten ihnen zur Zurückhaltung ... in ihrem eigenen Interesse.[3] Kurz, nicht jedermann ist Rassist, gewiß nicht, und vielen gelingt es, sich davon freizumachen, doch der Rückgriff auf den Rassismus erscheint so natürlich, so naheliegend, wenn die Umstände sich dafür anbieten, daß ich — in Abwandlung eines Aphorismus von Descartes — zu dem Schluß kam, *daß nichts auf der Welt so gerecht verteilt ist wie die Versuchung zum Rassismus.*

Woher kommt eine so allgemein verbreitete Neigung?

Wir haben es schon gesagt: Sie ist ein *bequemes Werkzeug der Aggression.*

Zu dieser Bequemlichkeit nur noch zwei Beispiele. Ich fahre in der Pariser Metro, Linie »Porte de la Chapelle«, in Begleitung einer Freundin, die mir beiläufig erzählt, daß diese Strecke von den Benutzern als »Linie Dritte Welt« oder »Afrika-Asien« bezeichnet wird, weil viele der Fahrgäste aus diesen Regionen stammen. Ausgerechnet ein Schwarzer, sichtlich debil, trommelt auf die Fensterbank und die Fensterscheibe, wiegt seinen Kopf im Rhythmus hin und her und tanzt auf der Stelle. Die übrigen Mitfahrenden haben jenen abwesenden Gesichtsausdruck, wie man ihn in allen öffentlichen Verkehrsmitteln der Erde beobachten kann, aber man spürt, daß die Bewegungen des armen Teufels sie nervös machen. Meine Freundin faßt das allgemeine Gefühl in die Worte: »Sie sind wirklich eigenartig!«, und ich dechiffriere: »Sein Gebaren ist unpassend, weil er ein Schwarzer ist«. Wäre er ein Weißer, so hätte man gesagt, »ein Schwachsinniger«, aber so denkt man als erstes daran, daß er ein Schwarzer ist. Warum? Ich stelle die Frage meiner Freundin. Sie überlegt bereitwillig: Sie fährt häufig mit dieser Linie und verspürt stets eine unbestimmte Angst. Und heute? Sie bekennt: Ja, sie hat spontan an die ethnische Herkunft des jungen Mannes gedacht. Es stimmt, die Versuchung zur biologischen Beschuldigung liegt nahe, die Hautfarbe, das Gesicht, der Haarwuchs kanalisieren die Angst und ziehen dafür Aggressionen auf sich.

Zweites Beispiel: Wieder bin ich in der Metro, als eine

Gruppe junger Nordafrikaner das Abteil stürmt. Sie lärmen, lachen laut und starren die Fahrgäste fast provozierend an. Mein Begleiter, ein Hochschullehrer und wohlmeinender Antirassist, murmelt verlegen vor sich hin, »das sollten *sie* nicht tun...« Auf meine Bitte, sich näher zu äußern, sagt er, er verspüre das Bedürfnis, die jungen Leute irgendwie vor einer Meinung zu schützen, die sowieso schon ungünstig sei. Als Nordafrikaner seien sie von vornherein verdächtig. Aber er gibt widerstrebend zu, daß er selbst ebenfalls einen Teil zu dieser allgemeinen Stimmung beiträgt. Sie sind Nordafrikaner in Frankreich, und deshalb sollten sie nicht... Im Vordergrund der Episode steht ihre Eigenart als Fremde. Denn hier geht es ganz offensichtlich nicht oder nicht allein um ein spezifisch nordafrikanisches Verhalten, sondern um das Betragen junger Männer voll überschießender Kraft und innerer Unruhe, die ihren Platz in der Gesellschaft noch nicht gefunden haben und die ihr Unbehagen durch das fragwürdige Vergnügen vertreiben möchten, daß sie anderen − Erwachsenen, Wohlhabenden, Menschen, die anders sind als sie − Angst einjagen, durchaus bereit zur Gewalttätigkeit, sobald sich ein Anlaß dazu bietet ... Mit einem Wort, ist es nicht das übliche Verhalten junger Flegel?

Ich habe diese beiden Beispiele absichtlich gewählt und ausgeführt, weil in ihnen auch der biologische Unterschied *nicht fehlt*. Das zweite ist sogar noch aufschlußreicher, da hier zwei Unterschiede im Spiel sind, der des Alters und der der ethnischen Zugehörigkeit. Die nordafrikanischen Fahrgäste waren einerseits jünger als die übrigen, und sie waren eben Nordafrikaner. Dennoch ist es der ethnische Unterschied, der spontan für die Kanalisierung der Angst der Fahrgäste gewählt wird, und nicht der Altersunterschied, der angemessener gewesen wäre, aber weniger leicht eine Einstimmigkeit im Unbehagen und in der Aggression hergestellt hätte.

Denn der Rassismus ist eine der Äußerungsformen der menschlichen Aggressivität, und Aggressionen scheinen eine allgemein menschliche Verhaltensweise zu sein. Er ist tatsächlich ein spontan ergriffenes *Mittel*, das allen zur Verfügung steht und dessen Preis obendrein hauptsächlich vom Opfer entrichtet wird. Warum? Die Antwort ist trivial, aber gerade diese Trivialität wird leicht übersehen: weil der Mensch ein Tier ist. Wie die meisten Tiere reagiert der Mensch aggressiv, wenn er Angst hat, oder er flieht. Er hat Angst vor einer tatsächlichen oder potentiellen Quelle der Gefahr, anders ausgedrückt: vor der tatsächlichen oder potentiellen Aggressivität des anderen.

Ich rede nicht von den sonstigen Ängsten: vor anderen Tieren, Naturkatastrophen oder allgemein vor allem Unbekannten, obwohl durch die Angst vor Tieren dieselben Reaktionen ausgelöst werden, weshalb der Mensch möglicherweise seine Vernichtungsfeldzüge gegen sie führt, die sich nicht immer mit reinen Nutzerwägungen erklären lassen; und obwohl die eingebildeten Ängste Anlaß für das Aufblühen von Mythen bieten, die sich ihrerseits auf die Beziehung zwischen den Menschen auswirken und von daher ihre große Bedeutung für den Menschen erlangen. Ein Teil dieser Ängste kristallisiert sich in der Fremdenfeindlichkeit, ein anderer geht in die Bestiarien ein. Es steht außer Zweifel, daß die Analyse der Vorstellungen vom Fremden und von den Tieren unter diesem Blickwinkel sehr aufschlußreich wäre. Um bei unserem Thema zu bleiben: Die menschliche Gattung ist voll von inneren Konflikten, und darin liegt eine zwischenmenschliche Tragik. Die Aggressivität jedes einzelnen oder jeder Gruppe ist eine Reaktion auf die Aggressivität von anderen, vermittelt durch die gegenseitige Angst.

Wie haben wir diese Aggressivität genau zu beurteilen? Ist sie beispielsweise angeboren oder erworben? Hier gehen die Meinungen der Fachleute auseinander. Im übrigen spielt das bis auf weiteres keine Rolle – wir müssen täglich damit leben. Für die Zukunft wird man sehen. Bislang spricht die Geschichte, von der Vorgeschichte ganz zu schweigen, eine deutliche Sprache: Der Mensch ist ein Räuber, zum Schaden der Natur, der anderen Arten und schließlich auch der eigenen. In seiner Gier entreißt er die Güter, derer er bedarf, selbst seinen eigenen Artgenossen. In seiner Aggressivität ihnen gegenüber weckt er zwangsläufig ihre Angst und damit ihre Aggressivität, was wiederum bei ihm Angst und neue Aggressivität hervorruft. Dasselbe gilt natürlich umgekehrt: Eine Aggression nährt die andere. Die menschliche Aggressivität hat demnach eine lange Geschichte und ist eng an das Überleben der Art gebunden. Als fortwährende Bedrohung und seinerseits bedroht war der Mensch bislang von Gefahren umgeben, die von ihm selbst oder von anderen hervorgerufen wurden. Bedrängt von Feinden, konnte er sich nur durch Aggressivität – ob offensiv oder defensiv – retten.

Bisher hat dieses System sehr gut, um nicht zu sagen zu gut funktioniert. Und wer könnte behaupten, daß trotz aller technischen und moralischen Fortschritte die menschliche Natur sich in dieser Hinsicht grundlegend geändert hätte? Wenn man auch nur die jüngste Geschichte der Menschheit betrachtet, ist man erschreckt von der anhaltenden Grausamkeit des Menschen. Nach wie vor rotten wir ganze Tierarten aus, um uns zu nähren, zu kleiden und zu wärmen oder einfach deshalb, weil wir sie für schädlich erklären, das heißt also, weil wir vor ihnen Angst haben, oder wir tun es zu unserer Zerstreuung, was noch empörender ist. Man sagt uns immer wieder, das sei der Preis für unser Überleben, alle anderen Tiere machten es ebenso. Mag sein, aber nicht mit dieser systematischen Perversität. Wir haben uns so sehr daran gewöhnt, daß wir kaum darüber nachdenken, was eine Jagd oder ein Stierkampf, eine einfache Angelpartie oder selbst ein Zirkus eigentlich bedeuten, die Schaukämpfe von Tieren, die dafür eigens abgerichtet werden, die Dressur, alle diese Unternehmungen des Tötens oder der Dienstbarmachung, die unserem Nutzen oder unserem Vergnügen dienen sollen! Und vor allem ist der Mensch die einzige Gattung, die *für die eigenen Artgenossen* das Gefängnis, das Straflager, die Folter, den Genozid und ... den Rassismus erfunden hat. Man kennt den Ausspruch Freuds, den er als gebrochener Greis am Vorabend des Zweiten Weltkriegs tat, »Der Mensch ist ein gemeines Tier!« Jedes Tier, jede Pflanze strebt von sich aus nach allem, was das Überleben begünstigt und drohende Gefahren abwendet. In diesem ständigen Kampf gilt es immer wieder, Angriffe abzuwehren oder selbst anzugreifen, zu rauben und zu töten. Aber der Mensch ist das einzige Wesen, das diese Mechanismen der Selbsterhaltung gegen seine eigenen Artgenossen richtet. Der Rassismus ist zweifellos eines der Rädchen dieser teuflischen Maschine: *Der Mensch ist das einzige Lebewesen, das zum Zweck seiner Selbstrechtfertigung* seine Artgenossen in ihrer physischen Existenz und ihrem Wesen systematisch verachtet, demütigt und vernichtet. Das geschieht zum großen Teil über die Sprache, und diese sprachliche Dimension des Rassismus ist sicherlich nicht nur abartig. Der Mensch ist ein Sprachwesen, d. h., daß er seine Erfahrungen in Bildern und Worten abbildet, mitteilt, betont oder aufhebt. Und diese Abbildung ist nützlich: Sie erlaubt ihm den sparsamen Gebrauch seiner Gesten sowie die Verarbeitung und Interpretation seiner Erfahrungen für die Zukunft. Diese symbolische Ebene des Rassismus ist *ein fortwährendes Laboratorium, in dem er die Zerstörung seines Opfers vorbereitet.* Der Mensch weiß im übrigen, das hat er im Lauf seiner langen Geschichte gelernt, daß er mit seinen Artgenossen nicht nur kämpfen, sondern auch zusammenleben muß, mit anderen Worten, er muß sie bis zu einem gewissen Grade rücksichtsvoll behandeln. Er greift zwar den anderen an, aber er äußert sich darüber; er ist ein Angreifer, der argumentiert, ein Beschuldiger, der sich entschuldigt.

Demnach ist der Rassismus ebenso eine Denk- und Sprech- wie eine Handlungsweise, eine Argumentation zur Vorbereitung einer Handlung, eine Handlung, die durch eine Argumentation legitimiert wird. So eröffneten etwa die Krieger der alten Griechen eine Schlacht mit Beleidigungen des Gegners. Sie brandmarkten seine tatsächlichen oder angeblichen Schwächen, die Fehler seiner Väter und Vorväter bis zu denen seiner entferntesten Ahnen und seiner Schutzgötter; ein derart unwürdiger Gegner verdient nichts als den Tod. Hinzu kam ein Zweites: Ein Gegner mit so vielen Schwächen konnte nicht gefährlich sein, so daß man mit seiner Schmähung nicht nur das eigene Handeln rechtfertigte, sondern den Feind auch kleiner machte. Das alles ist Theater, gewiß, aber auch der Rassismus ist Theater, ein Spottlied, das die äußere Erscheinung des Gegners zum Gegenstand hat, seine Sitten, seine Geschichte, Kultur, Religion... Das ist zuviel, und es ist zu vermuten, daß der Rassist nicht so ganz ahnungslos ist und sich überschreit. Der Rassismus ist eine gleichermaßen an unser Denken und Fühlen gerichtete Beschwörung, mit der die eigene Kraft verkündet und die Drohungen des Gegners gebannt werden sollen: Gegen das Unbekannte, das in der Gestalt des anderen besonders bedrohlich erscheint, muß jedes Mittel versucht werden.

Philosophie des Antirassismus

Kann man diese teuflische Maschine zum Stillstand bringen?
Geben wir es besser gleich zu: Das wird kein leichtes sein,
denn die Welt des Menschen ist für ihn selbst gefährlich.
Jeder Mensch bedeutet für seinesgleichen, jede menschliche
Gemeinschaft für ihresgleichen eine potentielle Gefahr. Angesichts des Menschen, wie wir ihn kennen, und seiner gegenwärtigen Umgebung müssen wir auf diese latente Gewalttätigkeit gefaßt sein. Bislang scheint eine wahrhaft humane
Ordnung ohne ständige gegenseitige Bedrohung eine Utopie
zu sein. Fast hat es sogar den Anschein, als wäre es die entge-
gengesetzte Verhaltensweise, die des Rassismus, die am besten angepaßt, am natürlichsten ist. Ob Angehöriger einer
Minderheit oder einer Mehrheit, es ist in jedem Fall besser,
sich nicht gänzlich wehrlos zu machen. Insbesondere der
Fremde bleibt ein der Feindseligkeit ausgesetztes Opfer.

Gibt es also überhaupt keinen Ausweg aus dieser tragischen Konfrontation des Menschen mit dem Menschen, aus
diesem Krieg aller gegen alle? *Denn der Rassismus ist auch
eine Form des Krieges.* Dennoch können wir hier nach der
Schattenseite die Lichtseite finden. Wir haben bisher das Problem der genetischen Fixierung der Aggression außer acht gelassen. Wenn es jedoch um eine Neugestaltung der Zukunft
geht, können wir diese Frage nicht mehr ausklammern, denn
wenn die Aggression kein Grundtrieb unserer Psyche ist,
können wir auf eine Verbesserung der Beziehungen zwischen
den Menschen hoffen. Und selbst wenn sie angeboren ist,
wäre aufgrund der Tatsache, daß der Mensch ebensosehr das
Produkt seiner vererbten Natur wie seiner äußeren Daseins-
bedingungen ist, eine Einwirkung auf die letzteren in jedem
Fall förderlich.

Vorausgesetzt natürlich, daß wir dazu willens und in der Lage sind.

Glücklicherweise stehen uns hier einige Möglichkeiten offen. Das moralische Verhalten ist keine reine Utopie; genau wie die Gewalt hat auch dieses seine Wurzeln in der menschlichen Persönlichkeit, im Individuum wie in der Gruppe. Zwischen den Menschen herrschen gleichzeitig Anziehung und Abneigung, Abhängigkeit und Herrschaft.[4] Zwar gibt es einen christlichen Antisemitismus, aber während des Zweiten Weltkriegs wurden Juden von Christen gerettet, die ihre Großherzigkeit zum Teil mit dem Leben bezahlen mußten. Dasselbe haben Moslems mitten im besetzten Paris getan; 1 800 Personen überlebten versteckt in den Kellergewölben der Moschee. Die Juden der New Yorker Bourgeoisie waren unter den ersten Verteidigern der noramerikanischen Schwarzen, obwohl sie bei diesen wenig beliebt waren.

Ungeachtet ihrer Häufigkeit oder Seltenheit sind solche Handlungen für die Zukunft der Menschheit ermutigend: Der Mensch ist für seinen Nächsten eine Gefahr, aber auch ein Segen. Der Widerspruch ist nur ein scheinbarer: Der Mensch muß sein Überleben sichern, und dieses ist wiederum mit dem Überleben anderer verknüpft; das Ganze ist eine Frage der Notwendigkeit und der Zweckmäßigkeit. Dieselbe unergründliche Notwendigkeit, die ihn seit Menschengedenken seinen Artgenossen bekämpfen läßt, drängt ihn auch dazu, mit ihm ein Abkommen zu schließen. Häufig ist der Mensch des Menschen Wolf, aber darüber hinaus ist er auch der Vater, Sohn, Bruder, Schwager oder Vetter des Menschen, den er unbeirrt immer wieder retten wird, manchmal sogar unter Gefahr für das eigene Leben. Der Mann ist das »Männchen« aller menschlichen »Weibchen« und die Frau das »Weibchen« aller menschlichen »Männchen«, obwohl es gelegentlich zu gewaltsamen Auseinandersetzungen darüber kommt, wenn ein »Weibchen« oder ein »Männchen« seiner Gruppe entrissen wird. Die erwachsenen Menschen sind Väter und Mütter aller kleinen Jungen und Mädchen, weil man über das einzelne Individuum hinaus in den Kindern die menschliche Gattung erhalten muß. Das bestätigt sich in Gefahrensituationen, wenn sich die Erwachsenen spontan darin einig sind, zuerst die Kinder zu retten.

Ich habe einmal geschrieben, der Rassismus sei angeboren, der Antirassismus hingegen erworben. Damit hatte ich nur zur Hälfte recht: Sie haben *alle beide* ihre Wurzeln in uns. Es gibt eine rassistische Leidenschaft, aber ebenso gibt es eine Neigung, die uns zum anderen drängt, um ihn um Hilfe zu bitten oder ihm Hilfe anzubieten. Denn wir wissen intuitiv oder aus Erfahrung, daß wir dies aufgrund unserer *gegenseitigen Abhängigkeit* tun können, die uns von der Geburt bis zum Tod begleitet. Aber noch mehr: Diese beiden einzigartigen Manifestationen unseres Daseins weisen eine noch tiefere Einheit auf, deren Ursprünge noch weiter zurückliegen, in jenem Urdrang, der alles Lebende dazu treibt, mit allen Mitteln zu überleben, und seien sie noch so widersprüchlich. Es sind zwei Lösungen desselben Überlebensproblems.

Es bleibt allerdings dabei, daß das moralische Verhalten *einer Entscheidung entspringt,* die man wollen muß. Eine von denselben Beweggründen geleitete Entscheidung wie die andere, deren Prinzip und Konsequenzen jedoch diskutiert werden können. Drücken wir es ganz allgemein so aus, daß die Entscheidung, sich moralisch zu verhalten, die Bedingung für die Einrichtung jeder menschlichen Ordnung ist und daß demgegenüber der Rassismus deren Negation darstellt. Diese Aussage ist fast tautologisch. Auf dem Rassismus läßt sich keine Gesetzgebung und schon gar keine Moral begründen. Denn der Rassismus bedeutet den Ausschluß des anderen und seine

Unterwerfung durch Gewalt und Herrschaft. Unter ethischen Gesichtspunkten ist, wollte man es in der Sprache der Religion ausdrücken, der Rassismus die »eigentliche Todsünde«.[5] Es ist kein Zufall, wenn fast alle geistigen Traditionen der Menschheit fordern, die Schwachen, Waisen, Witwen oder Fremden zu achten. Dabei geht es um mehr als eine rein abstrakte Moral und um uneigennützige Gebote. Eine derartige Einmütigkeit im Hinblick auf den Schutz des anderen setzt die Nützlichkeit dieser Forderung voraus: Alles in allem haben wir ein *Interesse* daran, Ungerechtigkeiten zu beseitigen, da Unrecht Gewalt und Tod zur Folge hat.

Das läßt sich gewiß bestreiten. So kann man z. B. auf den Gedanken verfallen, wer stark genug sei, könne sich erlauben, die anderen anzugreifen und zu unterdrücken. Aber niemand kann jemals sicher sein, ein für allemal der Stärkste zu bleiben. Eines Tages werden vielleicht die Rollen vertauscht. Jede ungerechte Gesellschaft birgt Todeskeime in sich. Wahrscheinlich ist es ratsamer, dem anderen mit Rücksicht zu begegnen, damit man von ihm ebenso behandelt wird. »Seid eingedenk«, heißt es im Alten Testament, »daß ihr in Ägypten in der Fremde wart«, was bedeutet, seid freundlich zu einem Fremden, denn ihr wart selbst einmal Fremde und könntet es vielleicht eines Tages wieder sein. Es ist eine zugleich moralische und pragmatische Mahnung, die implizit einen Vertrag enthält. Kurz, *die Ablehnung des Rassismus ist die Bedingung jeglicher* theoretischen und praktischen *Moral*. Denn die ethische Entscheidung bestimmt schließlich auch die politische: Eine gerechte Gesellschaft ist eine von allen akzeptierte Gesellschaft. Wird dieses Vertragsprinzip nicht akzeptiert, dann warten auf uns Streit, Gewalt und Zerstörung. Im anderen Fall können wir darauf hoffen, eines Tages in Frieden zu leben. Das ist zwar nur eine Wette, aber ihr Einsatz ist verlockend.

...und einige praktische Lehren

Können wir schließlich aus alledem einige praktische Schlüsse ziehen? Die Antwort lautet »ja« — unter Berücksichtigung der von uns ausgesprochenen Vorbehalte.

Zunächst einmal müssen wir uns *den Rassismus ins Bewußtsein rufen*, ihn nicht nur bei den anderen suchen, sondern auch in uns, in jedem einzelnen und in uns allen. Ihn bei den anderen anzuprangern ist leicht, bequem und überdies widersprüchlich: Es liefe darauf hinaus, vom anderen zu fordern, daß er seine Aggressivität aufgibt, ohne daß wir auf die unsrige verzichten. Die Aufdeckung des Rassismus vor allem in uns selbst, um ihn in unserem eigenen Verhalten zu bekämpfen, ist der beste Weg, um schließlich seinen Rückgang bei den anderen zu erreichen. Es ist eine Vorbereitung und zugleich der Preis, den wir von vornherein entrichten müssen. *Der Antirassismus ist zunächst eine geistige Hygiene.*

Nicht daß der Rassismus eine Krankheit wäre. Mit einer derartigen Vorstellung würde man es sich abermals leicht machen, weil sie unterstellt, daß der Rassismus ein seltener Tatbestand sei, der nur einige von einer Charakterstörung befallene Individuen betreffe. Man hat die Meinung vertreten, bestimmte Persönlichkeitsstrukturen seien für den Rassismus besonders anfällig. Das mag sein. Aber diese Aussage verrät vor allem eine als wissenschaftliche Behauptung getarnte Angst: Da der Rassismus lediglich das Problem einiger seelisch Gestörter ist, besteht kein Grund zur Beunruhigung. Man braucht diese Leute nur therapeutisch zu behandeln, um das Übel zum Verschwinden zu bringen. Das glaube ich leider nicht. Der Rassismus *ist keine Krankheit*, sondern eine archaische und der menschlichen Gattung gemeinsame Einstellung. Die Psychotherapie einiger weniger erklärter Rassisten, sofern diese einer solchen überhaupt zustimmen, würde ihn nicht beseitigen. Dazu bedarf es vielmehr einer unausgesetzten und allgemeinen Wachsamkeit, einer individuellen und kollektiven Anstrengung in psychologischer, soziologischer und politischer Hinsicht.

Der Kampf gegen den Rassismus erfordert *eine fortwährende pädagogische Anstrengung* von der Kindheit bis zum Tod. Das Kind, die Verheißung der Menschheit, trägt in sich den Keim der Angst und der Gewalt, der sich gelegentlich als Quälerei oder »unabsichtliche« Tötung eines Tiers oder gar eines jüngeren Geschwisters äußert. Man kennt diese »Unfälle«: den »aus Versehen« ins Auge des Jüngsten gedrungenen Bleistift oder den tödlichen Schuß, der sich beim »Spielen« mit der Pistole des Vaters gelöst hat. Daneben begegnet man natürlich auch der Hilfsbedürftigkeit, dem Vertrauen und der Identifikation, der Aufopferung für die jüngsten Geschwister und der Bewunderung und Anhänglichkeit der Kleinsten gegenüber der älteren Schwester oder dem Bruder. Anders gesagt, die positiven Gefühle werden ständig bedroht durch die negativen, durch die unvermeidlichen Zwischenfälle zunächst in der Familie, später in der Schule und im Leben draußen. Die Ankunft eines neuen Babys, die Eifersucht, die Angst zu versagen, die Unsicherheit, der Zweifel gegenüber den Eltern, die Rivalität mit Spielgefährten, die Ängste unterschiedlichster Art, die Lust an der Zerstörung der anderen und seiner selbst... Wie man sieht, fehlt es nicht an Arbeit für den Erzieher. Da der Mensch das Töten von Geburt an in sich trägt, muß man die gefährlichen oder törichten Begierden ständig im Zaum halten und zugleich die heilsamen Wünsche bestärken. Wir müssen den Kindern, den Heranwachsenden und auch den Erwachsenen beibringen, das Andersartige nicht nur nicht zu fürchten, sondern sich daran zu freuen, d. h. *den anderen zu lieben*. Denn den anderen wirklich zu lieben bedeutet nicht, in ihm das eigene Bild zu suchen — damit liebten wir in ihm nur uns selbst —, sondern ihn in dem zu lieben, was allein ihm zugehört. Wir müssen die Liebe fördern und pflegen. Unsere Erziehungs- und Bildungssysteme räumen den Gefühlen nur einen beschränkten Platz ein. In diesem Mangel kommt wahrscheinlich eine Schwierigkeit zum Ausdruck: Mit einem übertriebenen Vertrauen laufen wir Gefahr, uns gegenüber den anderen Menschen wehrlos zu machen. Von daher erklärt sich jenes verlegene Lächeln, wenn ein Jugendlicher, ein Träumer oder ein Künstler aufrichtigere und großzügigere Verhaltensweisen fordert, oder das schmerzhafte Erstaunen von Heranwachsenden, die entdecken müssen, daß die menschliche Wirklichkeit weit entfernt ist von der Moral, die man ihnen beigebracht hat. Um diese Verletzlichkeit der Besten zu schützen, müssen wir uns alle gemeinsam anstrengen. Wie bei der Abrüstung kann uns ein einseitiges Vorgehen unter Umständen teuer zu stehen kommen. Wenn wir unsere brüderliche Solidarität auf alle Menschen ausdehnen wollen, muß diese von allen Erziehern der Erde bekräftigt werden, die zu diesem Zweck gemeinsam jede Aggression verurteilen und die Jugend in solidarischem Handeln unterweisen müssen. Die Medizin kennt die vorbeugende Behandlung von körperlichen Krankheiten, warum sollen wir nicht auch der Verwirrung des Herzens vorbeugen? Natürlich gibt es Konflikte, bei denen es um ganz reale Dinge geht, aber es gibt auch solche, bei denen jeder der Beteiligten sich durch den anderen bedroht fühlt. Es gibt viele, die ihre Nachbarn einfach deshalb nicht leiden können, weil sie glauben, diese könnten sie ebenfalls nicht ausstehen. Da die Angst vor dem wirklichen oder eingebildeten Bösen zu den Ursachen jeder Aggressivität gehört, *hat alles, was zur Verringerung der Angst beiträgt, eine positive Wirkung.* Die Beherrschung tief verwurzelter Gefühle und eine zutreffende Einschätzung der Gefahr sind zweifellos einträglicher als die brutalen Reaktionen, die reinen Impulsen folgen.

Die Pädagogik ist mit der Unterweisung des einzelnen befaßt, selbst wenn sie sich gelegentlich an eine größere Menge richtet. Aber darüber hinaus *muß auch die Gesellschaft unmittelbar behandelt werden*, und das ist die Aufgabe des Politikers. Die Politik ist die Verwaltung gesellschaftlicher Angelegenheiten im Namen bestimmter Werte und unter Beachtung der größtmöglichen Effizienz. Der Rassismus ist eine Gefahr für die anderen, aber er schadet auch den Rassisten selbst, weil er wie ein Bumerang auf sie zurückfällt. Der Haß nährt den Haß. Eine kluge Politik muß bemüht sein, ihn zumindest einzudämmen, wenn sie ihn schon nicht unterdrükken kann, seine Verbreitung und Intensität einzuschränken. Das läßt sich meines Erachtens auf zwei Ebenen erreichen, auf der Ebene der Meinungen und der der Verhaltensweisen.

Die Meinung trägt insofern zur Handlung bei, als sie der Aggression vorangeht oder folgt. Die Antirassisten fordern die Unterdrückung jeder rassistischen Bekundung, ob in Worten oder Taten. Ich gebe zu, daß ich diese Forderung einmal mitgetragen habe. Wir haben den Krieg und seine Schrecken erlebt, aber der mit der Waffe besiegte Faschismus hatte den Kampf der Ideen nicht völlig verloren: Noch mußte seine Ideologie ausgerottet werden, um seine politische Wiederkehr zu verhindern. Eine Freiheit der schädlichen Meinungen schien mir nicht der Verteidigung wert. Heute erkenne ich, daß das Problem nicht so einfach ist, vor allem nicht für einen Demokraten. Das Verbot einer Meinung, selbst einer ungerechten, stellt bereits eine Ungerechtigkeit dar. Man läuft bei derartigen Unternehmungen leicht Gefahr, vom Regen in die Traufe zu geraten.

Was sollen wir also tun? Heute denke ich: *Einer Meinung muß man eine andere Meinung entgegensetzen.* Natürlich muß sich die Gemeinschaft alle pädagogischen und informativen Mittel an die Hand geben, um den Meinungen zu begegnen, die sie für die Gruppe und deren Untergruppen als gefährlich ansieht. Wenn der Rassismus sich jedoch nur auf der Ebene der Meinung bewegt, ist es desto besser für uns und um so schlimmer für ihn. Erst wenn er zum eigentlichen Rassismus wird, d. h., wenn sich die Meinung als Vorbereitung der Aggression entpuppt, muß gehandelt werden.

Sicherlich ist es nicht immer leicht, zwischen einer reinen Meinung und dem Vorboten einer Handlung zu unterscheiden. Das ist das Problem der *Anstiftung*, die bereits mehr ist als ein Versuch zur Überzeugung; der Aufruf zur Gewalt ist die Vorankündigung des Übergang zur Tat. Alles in allem *ist es dennoch der Übergang zur Tat, der für den Politiker das Kriterium bleiben muß.* Kurz, es gibt zwei Pole, die Meinung und die Handlung; die Meinung kann toleriert werden, während die Handlung entschlossen unterdrückt werden muß. Man kann zwar von den Menschen nicht verlangen, daß sie einander lieben, aber man kann verhindern, daß sie sich angreifen.

Vorausgesetzt, ich wiederhole es, daß dies die Philosophie ist, der wir alle anhängen. Die Ablehung des Rassismus ist die Entscheidung für eine bestimmte Vorstellung von einer Menschheit, deren verschiedene Gruppen miteinander versöhnt sind, so daß sie in relativer Einigkeit lebt. Umgekehrt kann sich die Menschheit nur dann einigen, wenn zwischen den Völkern und zwischen den einzelnen Individuen Gerechtigkeit herrscht. Eine solche Philosophie wird für gewöhnlich als *Universalismus* bezeichnet.

Gegen den Universalismus werden zwei Haupteinwände erhoben: Er sei erstens eine unwirksame und zweitens eine heuchlerische Philosophie, wobei das zweite sich aus dem ersten ergebe. Sie sei eine alte Schindmähre, nicht weil sie ausgedient, sondern weil sie ihre tragische Nutzlosigkeit bewiesen habe. Der jüdische Universalismus, der Prophetenkult, dann der christliche Universalismus mit den verschiedenen Kirchen, der islamische Universalismus, Gemeinschaft der Gläubigen und Toleranz gegenüber den Menschen der Bibel, der marxistische Universalismus, Vereinigung der Proletarier und Heil für alle durch die Revolution – ihnen allen ist es nicht gelungen, der Gewalt, der Ungerechtigkeit und den Massakern Einhalt zu gebieten. Bislang ist der Universalismus bestenfalls eine Utopie geblieben oder im schlimmeren Fall ein Vorwand, um die Aufmerksamkeit von den existierenden und immer wieder nachkommenden Privilegierten abzulenken. Für die Beherrschten ist dies nichts als eine Lügenphilosophie, die ihre tatsächliche Unterdrückung mit dem Mantel einer abstrakten Tugend zudeckt. Man hat es zur Zeit des Sklavenhandels, der Industrialisierung Europas oder der Kolonisation gesehen: Wer verkündet, die Menschen seien Brüder, und gleichzeitig einen Teil der Menschheit in der Sklaverei hält, der macht sich zum Komplizen der Sklavenhalter.

Gibt es eine Möglichkeit zu verhindern, daß der Universalismus zu einer Täuschung wird oder reine Utopie bleibt?

So paradox es klingt: Statt den Universalismus aufzugeben brauchen wir mehr von dieser Geisteshaltung. Wir müssen von einem abstrakten zu einem konkreten Universalismus übergehen; *es genügt nicht, den Rassismus zu verurteilen, wir müssen auf seine kollektiven Entstehungsbedingungen einwirken.* Kurz, der Universalismus darf nicht nur eine Philosophie sein, er muß zur Tat werden, zu einem zweifachen Handeln, zum Kampf gegen die Unterdrückung und zum Kampf für eine wirkliche und gegenseitige Brüderlichkeit.

Der Rassismus ist schließlich eine mittelbare oder unmittelbare Manifestierung der Herrschaft; er ist nur möglich, wenn man den anderen − begünstigt von einer Meinung − beherrschen kann. Daraus ergibt sich als praktische Folgerung: *Um den Rassismus einzudämmen, muß die Herrschaft bekämpft werden.* Die Soziologie unserer heutigen Welt liefert uns hierfür einige fast experimentelle Beweise. Das Beispiel der Araber zeigt in dieser Hinsicht eine interessante Veränderung, die sich vor den Augen ein und derselben Generation abspielt. Solange sie kolonisiert waren, gab es eine Araberfeindlichkeit, die zurückgeht, seit sie eine gewisse wirtschaftliche Machtstellung errungen haben. Gleichzeitig leiden jedoch die aus arabischen Ländern eingewanderten Arbeiter weiterhin darunter, weil sie nach wie vor unmittelbar unter der Herrschaft der Europäer stehen. Auch zwischen dem Judenhaß und dem wechselvollen Geschick Israels, das als der Staat der Juden angesehen wird, bestehen Zusammenhänge, die mühelos zu erkennen sind. Der Judenhaß nimmt ab zu Zeiten der Selbstbehauptung dieses Staates (Leistungen der Pioniere, siegreiche Kriege, erfolgreiche Kommando-Unternehmen) und zeigt sich wieder, sobald Israel an Boden verliert. Die Haltung der europäischen Besitzenden gegenüber den Arbeitern hat sich seit der Etablierung der Gewerkschaften ebenfalls deutlich geändert.

Die Universalität bedeutet, kurz gesagt, eine echte Gegenseitigkeit, sonst ist sie nichts als ein Köder. Der Universalismus ist allerdings ein Wunsch und keine Tatsache, ein Wert und keine Wirklichkeit, die man jetzt schon feststellen könnte. Die menschliche Gesellschaft ist nicht vereinigt, aber sie strebt danach, und der Universalismus kann zur Verwirklichung dieses Strebens seinen Beitrag leisten.

Eine letzte Überlegung zum Abschluß: Unter welchen Umständen ist das Stehlen oder Töten zu verurteilen? *Innerhalb der Grenzen eines gemeinsamen Gesetzes.* Außerhalb dieser geographischen und juristischen Grenzen nehmen die Skrupel ab: Der Soldat vergewaltigt ungehemmter die Frau seines Nächsten und nimmt ihm ungerührt seine Habe, die er als seine Beute bezeichnet. Der Fremde ist derjenige, der unseren Gesetzen nicht untersteht und deshalb auch nicht von ihnen geschützt wird, d. h., der nicht derselben Gemeinschaft wie wir angehört. Gesellschaften tun einander nach wie vor Gewalt an, weil sie noch immer kein gemeinsames Gesetz geschaffen, d. h. noch immer keine alle umfassende Gemeinschaft begründet haben. Umgekehrt gehen Unrecht und Krieg immer dann zurück, wenn sich die Gemeinschaft zwischen ethnischen Gruppen oder Nationen verstärkt. In den USA haben die Bewohner der Südstaaten und die der Nordstaaten nach dem Ende des Sezessionskrieges und der Wiedervereinigung keinen Krieg mehr gegeneinander geführt, während die nordamerikanischen Schwarzen intern den Krieg fortsetzen, weil sie sich nicht in die amerikanische Nation integriert fühlen. Zwischen den einzelnen Sowjetrepubliken dürfte es eigentlich keinen Krieg geben, aber es kommt immer wieder zu Zwistigkeiten, weil sich die eine oder andere Republik durch *das allgemeine Gesetz* benachteiligt fühlt. Kurzum, je mehr die Menschen einander als ihresgleichen betrachten und behandeln, desto mehr geht die Gewalt zurück; je mehr sie einander als andersartig ansehen und behandeln, desto größer ist die Gefahr der Xenophobie, d. h. der Gewalttätigkeit.[6]

Die jüngsten Ereignisse in Polen haben diesen Sachverhalt schmerzhaft vor Augen geführt: Woher kommt eine so intensive emotionale Anteilnahme, die zweifellos legitim, aber übertrieben ist, wenn man sich andere Schicksalsschläge vergegenwärtigt, von denen die übrige Welt getroffen wird? In Polen gab es 200 empörende Todesopfer, aber Tag für Tag sterben in den Ländern der Dritten Welt mindestens 40 000 Kinder an Hunger. Zwei Millionen Kinder auf der ganzen Welt sind der Prostitution ausgeliefert. Wie läßt sich dieser Unterschied in der Reaktion der Europäer anders erklären als dadurch, daß sie Polen als einen Teil ihrer Gemeinschaft begreifen und die Dritte Welt als etwas Fremdes?

Wie man sieht, hänge ich einem *gemäßigten Optimismus* an. Der Kampf gegen den Rassismus wird lange dauern und wahrscheinlich nie beendet werden. So wie der Mensch ist, können wir vorläufig nicht damit rechnen, daß sich rassistische Verhaltensweisen vollkommen ausrotten lassen. Selbst die Vermischung der Rassen ist kein zuverlässiges Heilmittel, wie das Beispiel Brasiliens zeigt. Dort ist der Rassismus nicht verschwunden, sondern es haben sich je nach Hautfarbe neue Hierarchien gebildet. Auf den Antillen nimmt der Status der gesellschaftlichen Klassen ab, je dunkler die Hautfarbe ist.[7] Es sieht ganz danach aus, als fände der Rassismus jedes Mal die geeignete List.

Aber gerade weil der Mensch so ist, wie er ist, können und müssen wir uns der Aufgabe stellen: Der Mensch ist zugleich ein Engel und eine Bestie, und wir müssen alles daransetzen, daß der Engel den Sieg über die Bestie davonträgt.

Der Pessimist wird einwenden, dies alles sei reine Rhetorik, um dieselben alten Verhaltensweisen besser zu kaschieren. Aber auf einen Versuch, und sei er auch nur rhetorisch, müssen wir es ankommen lassen. Jenseits ihrer Perversität ist die rassistische Denk- und Handlungsweise, wie wir gesehen haben, eine Form der Verteidigung und ein Vorwand. Aber das Suchen nach einem Vorwand ist auch eine Form der Anerkennung des Gesetzes. Der Rassismus ist ein Angriff, der anderen und sich selbst Scheinbegründungen gibt. Dieser Kunstgriff ist das Zeichen seiner Heimtücke, aber auch das unfreiwillige Eingeständnis seines Anteils an Menschlichkeit. Das ist genau der Grund dafür, daß kaum jemand Rassist sein möchte: Im Grunde seines Herzens will eigentlich niemand gänzlich jeder Menschlichkeit entsagen. Auch die borniertesten Rassisten haben wenigstens ein Ohr zum Hören, eine Verbindung zu jenem Teil in ihrem Innern, der Ungerechtigkeit und Unterdrückung nicht uneingeschränkt befürwortet. Der Irrwitz und der Schrecken des deutschen Nazismus rühren daher, daß dieser auf jede Legitimation verzichtet hat.

Das ist nicht viel? In der Tat kann man leicht den Mut vor einer Aufgabe verlieren, die unaufhörlich neu in Angriff genommen werden muß. Aber bis heute war jeder Friede eine Ruhepause zwischen zwei Kriegen, und trotzdem sehnen wir uns nach dem Frieden. Unsere Gesundheit währt nicht ewig, am Ende steht immer der Tod, und doch bemühen wir uns, gesund zu bleiben. *Der Kampf gegen den Rassismus ist die Bedingung für unsere kollektive Gesundheit.* Er greift die grundsätzlichen Moraldebatten wieder auf, in denen es um die Entscheidung geht für Liebe oder Haß gegenüber dem anderen, Gerechtigkeit oder Ungerechtigkeit, Gleichheit oder Unterdrückung, mit einem Wort für mehr oder weniger Menschlichkeit. Der Kern jeder Moral ist die Achtung des anderen; es wird an unserer menschlichen Ehre liegen, eine humanere Welt zu errichten. So lange, bis eines Tages auch die Tiere in ihr Frieden und Sicherheit finden werden, müssen wir dafür Sorge tragen, daß wenigstens die Menschen, und zwar alle Menschen, nicht mehr wie Tiere behandelt werden.

Anhang: Texte zur Erläuterung

Im folgenden finden sich zu Illustrationszwecken fünf Texte des Autors, die unter seinen bisherigen Veröffentlichungen ausgewählt wurden.

Ihnen schließt sich ein chronologisches Verzeichnis der Veröffentlichungen des Autors zum Thema Rassismus an.

Was ist Rassismus?[1]

Es macht Schwierigkeiten, eine Definition des Rassismus zu finden, die allgemein akzeptiert wäre. Das ist zumindest erstaunlich bei einem Gegenstand, der so häufig und auf so unterschiedliche Weise aufgegriffen worden ist. Die Gründe für diese Schwierigkeiten werden verständlicher, wenn man sich vor Augen hält, daß das Fundament des Rassismus, d. h. der auf den Menschen angewendete Begriff der reinen Rasse, unzureichend definiert ist und daß es praktisch unmöglich ist, ihm einen exakt abgegrenzten Gegenstandsbereich zuzuordnen. Andererseits ist der Rassismus keine wissenschaftliche Theorie, sondern ein Komplex von obendrein zumeist widersprüchlichen Meinungen. Ferner dienen diese Meinungen, die sich keineswegs aus objektiven Feststellungen ableiten und dem, der sie von sich gibt, äußerlich sind, zur Rechtfertigung von Einstellungen und Handlungen, die ihrerseits der Angst vor dem anderen entspringen sowie dem Wunsch, diesen anderen anzugreifen, um die Angst zu bannen und sich selbst zum Schaden des anderen zu behaupten. Und schließlich erscheint der Rassismus als der Sonderfall eines allgemeineren Verhaltens: Die Verwendung tatsächlicher oder fiktiver biologischer Unterschiede, die aber auch psychologischer oder kultureller Art sein können. Der Rassismus erfüllt demnach eine bestimmte Funktion. Aus dem Gesagten ergibt sich, daß *der Rassismus die verallgemeinerte und verabsolutierte Wertung tatsächlicher oder fiktiver biologischer Unterschiede· zum Nutzen des Anklägers und zum Schaden seines Opfers ist, mit der eine Aggression gerechtfertigt werden soll.* Die folgenden Ausführungen dienen der Erläuterung und Begründung dieser Definition.

Historische Markierungen

Der Begriff »Rasse« (frz. »race«) wird in der französischen Sprache erst seit relativ kurzer Zeit gebraucht. Er stammt aus dem 15. Jahrhundert und leitet sich von dem lateinischen *ratio* her[2], das unter anderem »chronologische Ordnung« bedeutet; dieser logische Sinn erhält sich auch in der biologischen Bedeutung des Wortes, die sich in der Folgezeit durchsetzt. Unter »Rasse« versteht man hinfort die Gesamtheit biologischer und psychologischer Merkmale, die Vorfahren und Nachkommen innerhalb eines Stammes miteinander verbinden. Ursprünglich ein Begriff aus der Tierzucht, wird er übrigens erst seit dem 17. Jahrhundert auf den Menschen angewendet.

Der Rassismus als Lehre ist sogar noch jünger. Im 16. Jahrhundert stellen die Spanier die »zivilisatorische Mission« Spaniens in Amerika der »natürlichen Unterlegenheit« und sogar der »Verdorbenheit« der Indianer gegenüber und halten sich für berechtigt, daraus die Legitimität der Eroberung und Besiedlung durch die Europäer abzuleiten. So fällt das systematische Bemühen, den Angriff auf eine Gruppe, die als biologisch minderwertig dargestellt wird, und deren Unterwerfung durch eine andere Gruppe zu rechtfertigen, mit den Anfängen des Kolonialismus zusammen. Man beachte außerdem, daß der Eingeborene nicht nur als unterlegen gilt, was nicht seine Schuld wäre, sondern daß er auch »verdorben«, d. h. moralisch zu verurteilen ist und bestraft oder zumindest gebessert werden muß; in diesem Umstand liegt die Berechtigung der »Sendung« des Weißen.

Der Sklavenhandel mit seinem Höhepunkt im 17. Jahrhundert weist einen unübersehbaren Zusammenhang mit den ersten Versuchen auf, den Rassismus biologisch zu begründen, was z. B. von Montesquieu höchst geistreich verspottet wurde. Sicherlich findet man hier und da auch bei den Autoren der Antike rassistische Äußerungen und sogar erste Ansätze einer Argumentation. Aristoteles, der Befürworter einer Gesellschaftsordnung, die sich auf die Sklaverei stützte, versuchte dies mit der natürlichen Minderwertigkeit der Barbaren zu begründen, die diese angeblich dazu bestimmte, den Griechen als Sklaven zu dienen. Dabei handelt es sich jedoch um verstreute Bemerkungen, die häufig durch die Praxis widerlegt wurden. Sofern die biologische Stigmatisierung nicht überhaupt fehlte, spielte sie jedenfalls nur eine untergeordnete Rolle.

Der Antisemitismus hat zweifellos eine lange Geschichte, aber auch hier geht es nicht um biologische Merkmale, sondern um religiöse und nationale Unterschiede. Als Rassenlehre entsteht er erst sehr viel später, zusammen mit der relativen sozialen Emanzipation der Juden in Mitteleuropa, d. h. mit dem Aufkommen der wirtschaftlichen Konkurrenz.

Erst spät in der Neuzeit beobachten wir jene systematischen und pseudowissenschaftlichen Erklärungsversuche, wie wir sie von den zeitgenössischen Rassisten kennen. Das liegt vermutlich daran, daß allein die Wissenschaft für würdig befunden wird, eine unanfechtbare Garantie für die Geltung einer Behauptung zu geben. Einer der Väter des Rassismus, Gobineau (1816-1882), stützte sich auf die vergleichende Anatomie des Gehirns, um zu beweisen, daß das Gehirn eines Huronen nicht einmal im Keim soviel Verstand enthalten konnte wie das eines Europäers. Mit dieser Auffassung stand er nicht allein; schon vor seiner Zeit gab es hervorragende Geister, die durchaus ähnliche Meinungen hegten. So waren es paradoxerweise die Arbeiten von Linné (1707−1778) und Buffon (1707-1788) − beide waren im übrigen selbst nicht frei von Vorurteilen −, die dem pseudowissenschaftlichen Rassismus den Weg bereiteten; daneben berief man sich auf die Autorität Darwins. Und am Ende des 19. Jahrhunderts war das gebildete Europa überzeugt, daß die menschliche Gattung in überlegene und unterlegene Rassen zerfällt (vgl. z. B. Renan und den Anthropologen Broca).

Dieser Komplex von mehr oder weniger klar umrissenen Vorstellungen fand jedenfalls eine außergewöhnlich große Schar von Anhängern. In Frankreich hatte Gobineau, selbst kein eigentlicher Antisemit, zahlreiche antijüdische Nachfolger; vor allem in Deutschland waren seine Ideen im Verein mit einer antisemitischen Tradition (verkörpert durch H. S. Chamberlain, 1855-1927) von größtem Einfluß und führten zu Konzentrationslagern sowie zur Verschleppung und Vernichtung ganzer Bevölkerungsgruppen. In Italien bemühte sich der Faschismus, die italienische Vorherrschaft über andere Völker dadurch zu legitimieren, daß er diese als minderwertig erklärte. In den slawischen Ländern machten sich panslawistische Bewegungen in der Literatur, den Sitten und der Sprache auf die Suche nach Beweisen für eine Überlegenheit, was dazu führte, daß sie selbst blutige Pogrome billigten oder sogar auslösten. Auch die angelsächsischen Länder wurden angesteckt; in der Nachfolge der Forschungsarbeiten des Engländers Galton (1812-1911) zur Eugenik kamen zu Beginn unseres Jahrhunderts in London britische Gelehrte zusammen, um darüber zu beraten, wie man die Ausbreitung der anderen Rassen, die eine Bedrohung der weißen Rasse darstellte, bekämpfen könnte. In den Vereinigten Staaten hat man versucht, zu einem richtigen »ethnologischen Kreuzzug« aufzurufen, und Südafrika hat schließlich das System der Apartheid zum Fundament seiner Institutionen gemacht.

Ein Vergleich dieser verschiedenen Sozialphilosophien läßt jenseits der nationalen Besonderheiten und Umstände eine Konstante sichtbar werden: Eine Gemeinschaft von Menschen versucht, im Namen einer biologischen Überlegenheit, sich gegenüber anderen zu behaupten und hält sich deshalb für berechtigt, sämtliche denkbaren Mittel, bis hin zu Gewalt und Mord, einzusetzen.

Meinungen, Einstellungen und Verhaltensweisen

Um eine rassische Überlegenheit nachzuweisen, muß man die Existenz menschlicher Rassen voraussetzen; der Rassist unterstellt implizit oder explizit, daß es reine Rassen gibt, daß diese den anderen überlegen sind und daß schließlich diese Überlegenheit eine politische und historische Vorherrschaft rechtfertigt. Nun lassen sich gegen diese drei Argumentationsschritte schwerwiegende Einwände erheben.

Zunächst sind praktisch alle heute auf der Erde lebenden menschlichen Gruppen das Produkt von Rassenmischungen, so daß es im Grunde unmöglich ist, »reine Rassen« in ihren Merkmalen zu definieren. Bereits der Versuch, menschliche Gemeinschaften nach biologischen, d. h. grundsätzlich unpräzisen Kriterien zu klassifizieren, stößt auf größte Schwierigkeiten. Und schließlich machen die fortwährende Evolution der menschlichen Gattung und der ständig im Wandel begriffene Charakter menschlicher Gemeinschaften jeden Versuch zunichte, den Begriff der Rasse auf der Grundlage unveränderlicher ethnischer Daten zu definieren.

Kurz, der Begriff der biologischen Reinheit läßt sich auf menschliche Gruppen nicht adäquat anwenden. Ursprünglich stammt er aus der Tierzucht, wo die angeblich reine Rasse im übrigen das Ergebis einer mehrfachen kontrollierten Kreuzung ist. Sobald man ihn auf den Menschen anwendet, verwechselt man leicht die biologische mit der Sprach- oder der Kulturgemeinschaft; ebenso problematisch ist der Begriff des arischen Menschen, der von Gobineau und seinen nationalsozialistischen Schülern gebraucht wurde. Und schließlich ist es durchaus möglich, daß die Anschauung einer biologischen Reinheit implizit auf eine Phantasievorstellung von dem zurückgreift, was Reinheit überhaupt ist.

Aber selbst wenn wir einmal annehmen, daß es eine solche Reinheit gibt, wieso folgt dann aus einer biologischen Reinheit eine Überlegenheit, und worin soll diese bestehen? Und selbst wenn wir auch noch annehmen, daß eine biologische Reinheit eine biologische Überlegenheit zur Folge hat, so ist damit überhaupt nicht bewiesen, daß damit zwangsläufig auch eine psychologische oder kulturelle Überlegenheit einhergeht, auf der der Rassist besteht.

Außerdem, warum sollte eine wie immer geartete, befristete oder endgültige Überlegenheit, sei sie nun das Produkt biologischer Reinheit oder nicht, jene politische Herrschaft legitimieren?

Es ist keine Frage, daß wir es hier nicht mit einer wissenschaftlich fundierten Schlußfolgerung zu tun haben, sondern mit einer politischen Entscheidung, mit dem Wunsch, eine Vorherrschaft zu errichten, die sich in irreführender Weise auf biologische oder kulturelle Argumente stützt.

Schließlich zeigt sich im Rassismus noch eine letzte, unlösbare Verworrenheit: Die zwischen ethnischen Gruppen, Kulturgemeinschaften, Völkern und Nationen bestehende Unvergleichbarkeit macht es von vornherein unmöglich, ein politisches Vorgehen, das sich auf ethnische oder kulturelle Merkmale gründet, zu legitimieren.

Abschließend können wir also sagen, daß *der Rassismus keine wissenschaftliche Theorie ist, sondern eine Pseudo-Theorie*, ein Komplex von Meinungen ohne gesicherten logischen Zusammenhang mit mehr oder weniger gut erkennbaren biologischen Eigenschaften.

Die Legitimationsversuche

Nunmehr wird verständlich, warum eine Definition des Rassismus solche Schwierigkeiten bereitet. Vor allem ist das Prinzip des Rassismus – der auf den Menschen angewandte Begriff der Rasse – unbestimmt oder genauer gesagt ein Konzept, dem man keinen genau definierten Gegenstandsbereich zuordnen kann. Folglich ist jede Beweisführung, die auf diesem fragwürdigen Begriff aufbaut, ihrerseits fragwürdig und darüber hinaus in sich wenig schlüssig.

Trotzdem ist der Vergleich zwischen der mangelhaften wissenschaftlichen Grundlage des Rassismus und den weitreichenden Folgerungen, die daraus abgeleitet werden, nicht uninteressant. Die Leidenschaft des Rassisten, die Hartnäckigkeit und die weite Verbreitung des Phänomens vor dem Hintergrund der Verworrenheiten, der Sinnentstellungen und der sich daraus ergebenden Widersprüche wären allein schon Beweis genug, daß der Rassismus nicht von der Logik, sondern von Gefühlen und von Eigennutz motiviert wird. Man muß einfach eine umgekehrte Perspektive einnehmen: Die Beschuldigung sagt mehr über den Ankläger aus als über den Beschuldigten; der Rassismus, der alles andere ist als eine Wissenschaft oder eine wissenschaftliche Theorie, aus der sich eine Einstellung oder Verhaltensweise ableiten ließe, strebt im Gegenteil nach seiner Legitimation durch eine gedankliche Konstruktion, eine Rationalisierung, die auf diese Weise von den psychologischen Erfordernissen eben dieses Verhaltens gespeist und gestützt wird.

Der Rassist legt die Betonung auf einen tatsächlichen oder unterstellten biologischen Unterschied und leitet daraus eine angeblich legitime Verhaltensweise und häufig im weiteren Sinne eine bestimmt Politik, Sozialphilosopie oder auch eine Metaphysik ab. So würden beispielsweise die Hautfarbe und andere Körpermerkmale der Schwarzen als Zeichen ihrer biologischen Unterlegenheit den Weißen berechtigen, sie zu beherrschen. Der Jude, den der Rassist vor allem durch körperliche, d. h. biologische Merkmale charakterisiert, gerät dadurch zum »Wesen des Bösen«, das verdammt ist und zugleich die schlimmsten Katastrophen auf die anderen herabruft.

Der biologische Unterschied ist lediglich ein Ausgangspunkt, der Eckpfeiler einer Konstruktion, die über diesen unendlich weit hinausgeht. Um seinen Beweis abzusichern, ist dem Rassisten jedes Mittel recht; bald zieht er den Schädelindex als bestes Kriterium für die seelischen und geistigen Fähigkeiten des einzelnen heran; dann wieder bevorzugt er ein psychologisches Detail des individuellen Verhaltens, das er anschließend auf eine ganze Gruppe überträgt; ein andermal glaubt er ein kollektives Merkmal entdeckt zu haben, das er auf jedes Individuum der Gruppe überträgt. Selbst wenn das Merkmal tatsächlich existiert, berechtigt das nicht notwendig dazu, ihm diese Allgemeinheit oder eine solche Bedeutung zuzuschreiben; gleichgültig, ob es sich um einen biologischen, psychologischen, kulturellen oder sozialen Unterschied handelt, immer fällt der Vergleich zugunsten des Rassisten aus.

Das Ergebnis dieser Analyse ist abermals eine Kritik am Begriff »Rassismus«, da es sich dabei um einen viel weiter verbreiteten und wahrscheinlich tiefer reichenden Mechanismus handelt, als es bislang den Anschein hat. Der Terminus will eine Theorie der menschlichen Rassen suggerieren, aber wäre es in diesem Fall nicht genauer, von »Rassenlehre« zu sprechen? Doch selbst dieser Terminus würde zumeist nicht ausreichen. Der Rassismus enthält implizit eine Ablehnung und eine Verurteilung von einzelnen oder Gruppen, die angeblich einer anderen Rasse angehören; wenn es also weniger

– oder zumindest nicht ausschließlich – um die Feststellung eines biologischen Unterschiedes geht, sondern um den Angriff auf ein Volk oder eine Gruppe unter dem Vorwand eines biologischen Arguments, müßte man da nicht noch genauer von »Ethnophobie« sprechen? Dieser Begriff bietet sich als Bezeichnung für ein weit verbreitetes menschliches Phänomen an, von dem der Rassist lediglich ein – unter Umständen historisch vorübergehender – Sonderfall wäre.

Psychische und soziale Beweggründe

Wie weit auch immer der Rassismus verbreitet sein mag, die Allgemeinheit der Verhaltensweisen, die er in den unterschiedlichsten sozialen Gruppen hervorbringt, und das hartnäckige Fortbestehen der Meinungen und Einstellungen, die er auslöst, würden allein schon beweisen, daß diese ähnlichen individuellen und kollektiven Beweggründen folgen, da es ebenso einen individuellen wie einen kollektiven Rassismus gibt. Mit anderen Worten, wir müssen die psychischen und sozialen Funktionen des Rassismus auffinden.

Der Angriff auf den anderen, ob in Worten oder Taten, bedarf der Rechtfertigung, für die anscheinend zwei Gründe ausreichen: die Angst und der Eigennutz. Die Angst vor dem anderen reicht bis in die graue Vorzeit zurück, als die Menschen noch in ständigem gegenseitigem Mißtrauen leben mußten, stets darauf gefaßt, daß ein anderer, der stärker oder listiger war, die Jagdbeute oder die begehrte Frau wegnahm und den Beraubten zum Hunger, zur Demütigung oder gar zum Tod verurteilte. Der andere, das ist der Unbekannte, bei dem man mit dem Schlimmsten rechnen muß.

Der Übergang zum Rassismus liegt auf der Hand: Man muß sich gegen diesen anderen, Befremdenden, Unbekannten verteidigen oder noch besser seinen Angriffen zuvorkommen, indem man ihn zuerst angreift. Und wenn die Existenz des anderen schädlich ist, dann muß er durch und durch schlecht sein, und man tut recht daran ihn zu hassen. Angesichts dieser Angst vor dem anderen ist der Rassismus mit einer Erklärung zur Hand und wirkt beruhigend, er entschuldigt und legitimiert die Aggression.

Ein rassistisches Verhalten äußert sich also in zwei komplementären Bewegungen, der Ablehnung des anderen und der Behauptung des eigenen Selbst, die beide zum selben Ergebis führen: Man festigt die eigene Position gegen den anderen. Psychoanalytisch gesprochen ermöglicht der Rassismus eine individuelle und kollektive Stärkung des Ichs. Diese ist zweifellos trügerisch, möglicherweise nur von kurzer Dauer und geschieht um den Preis des Unrechts, aber in diesem Bereich ist das Bedürfnis so stark, daß die Moral sich beugt und der Mythos einen leichten Sieg erringt.

Doch nicht nur die Angst, auch das eigene Interesse legitimiert diesen Mechanismus: Aggression gegen den anderen, wobei ein (tatsächlicher oder unterstellter) biologischer Unterschied in quasi mythischer Weise dazu benutzt wird, diese Aggression zu rechtfertigen.

Der Rassismus war die Ideologie des Sklavenhandels und des aufkommenden Kolonialismus. Das biologische Argument wurde in systematischer Weise erstmals vom spanischen Adel im Kampf gegen die zum Christentum übergetretenen Juden verwendet, die durch ihre Konversion dieselben Rechte erhielten wie jener; um diese Errungenschaft wieder rückgängig zu machen, verfielen die spanischen Adligen schließlich auf die Idee einer unüberwindlichen Schranke des »Blutes«, ein Gedanke, der später von den Nationalsozialisten zur Rechtfertigung der deutschen Expansion wiederaufgegriffen wurde. Als es sich für den aufkommenden Industriekapitalismus als notwenig erwies, die Lohnarbeiter wie Vieh zu behandeln, mußten diese auch im Bewußtsein der Bourgeoisie zu Vieh gemacht werden. Der Kaufmann, der Arzt oder der Anwalt in der bürgerlichen Gesellschaft, der ein rassistisches oder antisemitsches Verhalten zeigt, verteidigt mit diesen Argumenten seine eigenen Interessen gegen schwarze oder jüdische Konkurrenten, die ihm im Wege stehen.

Im übrigen besteht zwischen den beiden Beweggründen kein Widerspruch, und häufig treten sie auch zusammen auf. Warum verhält sich der heutige Schweizer oder Franzose so häufig als Rassist gegenüber den Arbeitern aus dem Ausland, obgleich diese für die Wirtschaft seines Landes eine unentbehrliche Rolle spielen? Weil er Angst hat vor so vielen Menschen, die anders sind als er und die das soziale Gefüge, mit dem er verbunden ist, ins Wanken zu bringen drohen. Er weiß außerdem ganz genau, daß die schwersten und am schlechtesten bezahlten Arbeiten mit mehr oder weniger umstrittenen Sozialleistungen diesen Einwanderern vorbehalten sind, so daß er ihnen gegenüber, wenn auch in bescheidenem Umfang, privilegiert ist und diese Besserstellung legitimieren muß.

Eine solche Einstellung erklärt auch die beiden letzten Merkmale des Rassismus: die Neigung zur Verallgemeinerung und zur Verabsolutierung. Die Beschuldigung und Verurteilung eines einzelnen oder einer ganzen Gruppe ist endgültig. Welche bessere Garantie für die eigene Sicherheit könnte es eigentlich geben als eine Minderwertigkeit, die unwiderruflich ist? Dieser oder jener einzelne existiert nicht als solcher, er gehört einer mit Makeln befleckten Gruppe an, der er nicht entfliehen kann; dieses unterdrückte und beherrschte Volk wird niemals wieder seinen Kopf erheben können; diese gesellschaftlich geknechtete Gruppe wird ewig in ihrem Zustand verharren, der ihr auch noch das eigene Urteil spricht.

Andererseits wird auch verständlich, warum der Rassismus in so vielen unterschiedlichen Formen auftritt. Er dient nicht nur zur Beruhigung seiner Anhänger und zur ideologischen Ablenkung seiner Opfer, sondern dieser allgemeine Mechanismus bringt auch je nach den Umständen und jeweiligen Gruppen unterschiedliche äußere Formen hervor.

Deshalb ist es immer aufschlußreich, die verschiedenen Situationen des Rassismus in ihrer Besonderheit zu beschreiben. Die konkrete Art und Weise, wie die schwarzen Arbeiter zu einer bestimmten Zeit in einem bestimmten Land behandelt wurden, ist nicht dieselbe, wie man heute die aus der Türkei oder anderen europäischen Ländern eingewanderten Arbeiter in Frankreich behandelt. Der Algerienkrieg hat das Bild der algerischen Einwanderer ganz besonders belastet, und was den Antisemitismus angeht, so ist dieser mehr als nur eine Spielart des Rassismus.

Aber diese konkrete Mannigfaltigkeit des Phänomens darf uns nicht den Blick für seine Konstanten jenseits aller zeitlichen, räumlichen oder gesellschaftlichen Besonderheiten verstellen. Während man z. B. sehr wohl einen bestimmten Typus des Rassismus mit der Entfaltung des Industriekapitalismus und dem Klassenkampf in Zusammenhang bringen kann, wäre es jedoch verfehlt, alle Formen des Rassismus darauf zurückzuführen, auch wenn bei manchen gewisse Ähnlichkeiten unverkennbar sind.

Wenn der Mensch so stark zum Rassismus neigt, dann ist die Wahrscheinlichkeit groß, daß dieses Verhalten noch lange andauern wird. Da die Rechtfertigung von Privilegien mit biologischen Unterschieden, die Ablehung des anderen und die Aggression ihm gegenüber indessen nicht immer und überall bestanden haben, kann man vermuten, daß eines Tages neue Rechtfertigungsgründe an die Stelle der alten treten werden. Jahrhunderte hindurch haben sich die Ängste der Menschheit auf bequeme Weise an biologischen Unterschieden festgemacht. Der zunehmende Kontakt zwischen allen Menschen der Erde und ihre voranschreitende Einigung sowie die Selbstbehauptung der Völker Afrikas, Asiens und Amerikas werden möglicherweise dazu führen, daß niemand mehr auf die Idee kommt, andere nur wegen ihrer Hautfarbe, der Form ihrer Nase oder wegen bestimmter Charaktermerkmale für minderwertig zu halten. Aber vor der biologischen gibt es bereits die religiöse Ausschließung des anderen, und es ist durchaus möglich, daß auf die biologische z. B. eine politische Ausschließung folgt. Der eigentliche zugrundeliegende Mechanismus bleibt davon völlig unberührt.

Um den Rassismus wirksam zu bekämpfen, reichen moralische Entrüstung und reine Überzeugungsversuche nicht aus. Wir müssen auch seinen Ursachen auf den Grund gehen, der Angst, der fundamentalen Unsicherheit und der wirtschaftlichen Habgier des Menschen, den eigentlichen Quellen seiner Neigung zur Aggression und zur Herrschaft. Wir müssen gegen die Aggression und gegen die Herrschaft in jeder Form kämpfen und sie verhindern. Der Rassismus ist etwas Natürliches, der Antirassismus nicht; der letztere kann höchstens eine Errungenschaft sein, die Frucht eines anhaltenden und harten Kampfes, und er wird wie jede kulturelle Errungenschaft des Menschen immer neuen Bedrohungen ausgesetzt sein.

Versuch einer kommentierten Definition des Rassismus[1]

Um einer entsprechenden Bitte nachzukommen, habe ich im folgenden Text eine *kommentierte Definition* des Rassismus versucht.

Die Definition, die am Anfang steht, ist eigentlich erst das Endresultat der daran anschließenden Analyse und des Kommentars. Ich habe sie zur Vorabinformation vorangestellt, aber auch in Anlehnung an eine Darstellungsweise, wie sie z. B. in der Mathematik üblich ist. Es wäre ebensogut möglich, die drei Abschnitte in der Reihenfolge III-II-I zu lesen. Für den Leser am einfachsten wäre es wohl, zunächst einen kurzen Blick auf die Definition und die Analyse zu werfen und während der Lektüre des Kommentars gegebenenfalls zurückzublättern.

Definition

Der Rassismus ist die verallgemeinerte und verabsolutierte Wertung tatsächlicher oder fiktiver Unterschiede zum Nutzen des Anklägers und zum Schaden seines Opfers, mit der seine Privilegien oder seine Aggressionen gerechtfertigt werden sollen.

Analyse der rassistischen Einstellung

Eine Analyse der rassistischen Einstellung bringt vier wesentliche Elemente zum Vorschein:

1. Nachdrückliche Betonung von *tatsächlichen oder fiktiven Unterschieden* zwischen dem Rassisten und seinem Opfer.

2. *Wertung* dieser Unterschiede zum Nutzen des Rassisten und zum Schaden seines Opfers.

3. Verabsolutierung dieser Unterschiede, indem diese *verallgemeinert* und für *endgültig* erklärt werden.

4. *Legitimierung* einer – tatsächlichen oder möglichen – *Aggression* oder eines – tatsächlichen oder möglichen – *Privilegs*.[2]

Kommentar

Der Begriff »Rassismus« ist einem derart allgemeinen Mechanismus offensichtlich nicht angemessen. Er ist zu eng, während z. B. der Begriff des Antisemitismus zu weit ist. Genau genommen bedeutet er eine Theorie des *biologischen Unterschieds*. Nach den Ideologien des Sklavenhandels und der Kolonisation haben die Nationalsozialisten mit dieser Theorie eine politische, moralische und kulturelle Hierarchie menschlicher Gemeinschaften gemäß ihrer biologischen Unterschiede zu begründen versucht.

Ein allgemeiner Mechanismus

Tatsächlich stützt sich die rassistische Anklage bald auf einen biologischen und bald auf einen kulturellen Unterschied. Einmal geht sie von der Biologie, dann wieder von der Kultur aus, um daran anschließend allgemeine Rückschlüsse auf die Gesamtheit der Persönlichkeit, des Lebens und der Gruppe des Beschuldigten zu ziehen. Manchmal ist das biologische

Merkmal nur undeutlich ausgeprägt, oder es fehlt ganz. Kurz, wir stehen einem Mechanismus gegenüber, der unendlich mannigfaltiger, komplexer und unglücklicherweise auch wesentlich stärker verbreitet ist, als der Begriff Rassismus im engen Wortsinne vermuten ließe. Es ist zu überlegen, ob man ihn nicht besser durch ein anderes Wort oder eine andere Wendung ersetzt, die sowohl die Vielfalt als auch die Verwandtschaft der einzelnen Formen des Rassismus zum Ausdruck bringt.[3] Ich schlage hierfür die Bezeichnung *Ethnophobie*[4] vor, wobei der Rassismus lediglich eine ihrer Spielarten darstellen würde.

Das Bestehen auf einem Unterschied

Der Rassismus tritt zunächst als das Hervorheben eines *Unterschieds* zwischen dem Ankläger und seinem Opfer in Erscheinung. Aber das Aufzeigen einer Verschiedenheit zwischen zwei Individuen oder Gruppen ist für sich allein genommen noch keine rassistische Einstellung. Schließlich entspricht dies einer der Methoden, wie sie regelmäßig in den Wissenschaften vom Menschen angewandt werden. Erst im Kontext des Rassismus nimmt diese Betonung des Unterschieds eine besondere *Bedeutung* an: Indem er auf dem Unterschied besteht, bewirkt oder verstärkt der Rassist bewußt den *Ausschluß*, die *Ausgrenzung* des Opfers aus der Gemeinschaft oder der gesamten Menschheit.

Der Rassismus des Kolonisators will beweisen, daß es unmöglich ist, den Kolonisierten in eine umfassende Gemeinschaft aufzunehmen, weil dieser sich biologisch oder kulturell zu sehr unterscheide, weil er technisch oder politisch unfähig sei usw. Der antisemitische Rassismus, der den Juden als ein radikal fremdes und befremdendes Wesen darstellt, bemüht sich auf diese Weise, die Isolierung, die Ghettoisierung des Juden zu erklären. Die Benutzung des Unterschieds ist für die rassistische Argumentation unentbehrlich: *Aber es ist nicht der Unterschied, der stets den Rassismus nach sich zieht, es ist vielmehr der Rassismus, der sich den Unterschied zunutze macht.*

Der Unterschied ist Tatsache oder Fiktion

Der Beweis: Wenn es keinen Unterschied gibt, wird er vom Rassisten erfunden; gibt es ihn hingegen, dann wird er von ihm zu seinem Vorteil interpretiert. Der Rassist besteht nur auf solchen Unterschieden, die er für seine Argumentation verwenden kann. Kurz, der Unterschied kann Tatsache oder Fiktion, für sich allein wichtig oder ebensogut unbedeutend sein.

Dennoch scheint mir hier ein wichtiger Hinweis angebracht. Im Gegensatz zur verbreiteten Meinung des schwärmerischen Antirassisten bin ich nicht der Überzeugung, daß die vom Rassisten vorgebrachten Unterschiede grundsätzlich fiktiv, ein reines Wahngebilde oder eine böswillige Lüge sind. Der Rassist kann sich durchaus auf ein *tatsächliches Merkmal* biologischer, psychologischer, kultureller oder sozialer Natur stützen: die Hautfarbe bei den Schwarzen oder die kulturellen Traditionen der Juden.[5]

Zweifellos kann der Rassist einen Unterschied erfinden, wenn er ihn für seine Beweisführung benötigt, doch beschränkt sich die rassistische Argumentation weder auf diese mehr oder weniger phantastischen unterschiedlichen Merkmale noch auf eine schlichte Feststellung von manchmal tatsächlich existierenden Unterschieden; es kommt grundsätzlich eine *Interpretation* dieser Unterschiede, eine *Wertung* hinzu.[6] Kurz, der Unterschied wird zum Nachteil des Angeklagten und zugunsten des Anklägers gewertet.

Die Wertung des Unterschieds ist ganz sicher eines der Kern-
elemente der rassistischen Einstellung. Diese Wertung enthält
implizit oder explizit eine zweifache Stoßrichtung: Sie zielt
darauf ab, die Unterlegenheit des Opfers *und* die Überlegenheit des Rassisten zu beweisen. Mehr noch, sie beweist das
eine durch das andere, die Unterlegenheit der schwarzen Rasse bedeutet automatisch die Überlegenheit der weißen Rasse.
Die Minderwertigkeit des Kolonierten beweist schlagend die
Höherwertigkeit des Kolonisators. Kurzum, die Wertung ist
zugleich negativ und positiv; sie bekräftigt gleichzeitig die
Negativität des Opfers und die Positivität des Anklägers.
Daraus folgt:

1. Jeder Unterschied, der das Opfer von seinem Beschuldiger trennt, eignet sich dazu, das erstere zu verdächtigen und
zu verurteilen, weil die Beweisführung des Rassisten mit dieser negativen Wertung beginnt und jeder − tatsächliche oder
fiktive − Unterschied durch eine einfache Änderung des
Vorzeichens zu einem Verdienst des Anklägers, zu einer
Wertung zu seinen Gunsten gemacht werden kann. In einer
rassistischen Welt *ist der Unterschied etwas Schlechtes* (wohlgemerkt jener, der das Opfer im Vergleich zum Ankläger, der
als Bezugspunkt gesetzt wird, charakterisiert: Es ist nicht die
weiße Hautfarbe, die den Weißen vom Schwarzen unter-
scheidet, es ist die schwarze Hautfarbe, die den Schwarzen so
verhängnisvoll zu etwas anderem als einem Weißen macht).

2. Der Rassist wird alle Anstrengungen unternehmen, um
die Distanz zwischen den Vorzeichen zu vergrößern, d. h.
den *Unterschied zu maximieren*. D. h., je kleiner er sein Opfer macht, desto größer wirkt er selbst, je höher er den Unterschied zum Nachteil seines Opfers wertet, desto höher
wertet er ihn zu seinen eigenen Gunsten.[7]

Das ist auch der Grund, warum ein schlichter – biologischer oder kultureller – Unterschied eine Fülle von Bedeutungen nach sich zieht: Die biologischen Merkmale des Juden werden unter anderem als häßlich angesehen. Einen Schritt weiter, und ihr wird eine eigene Psychologie angedichtet, eine gewisse Bösartigkeit etc., dann ein metaphysisches Wesen usw. usw. Wir gelangen von der Biologie zur Moral, von der Moral zur Politik und von dieser zur Metaphysik.

Beginnend mit dieser Wertung erkennt man deutlich die Logik der Folgerungen: Es kann nicht anders sein, als daß dieser schädliche und entehrende Unterschied, der das Opfer zu Boden drückt und seinen Ankläger erhöht, *absolut* wird. Wenn der Ankläger seine Überlegenheit endgültig untermauern will, muß auch der Unterschied zu einem endgültigen werden.

Der Unterschied wird verallgemeinert

Die rassistische Argumentation ist demnach durch ihr Bemühen um eine Verallgemeinerung, eine Verabsolutierung gekennzeichnet: Mit der Zeit wird *die gesamte Persönlichkeit* des Opfers derart charakterisiert; es sind *alle Mitglieder* seiner gesellschaftlichen Gruppe, die unter der Anklage zusammenbrechen.

1. Unter diesem Blickwinkel betrachtet wird der Erfolg des biologischen Rassismus besser verständlich: Er läßt sich besonders gut auf Paßform bringen. Der verhängnisvolle Unterschied findet eine Art Substrat: Er ist in das Fleisch und Blut, in das Erbgut des Opfers eingeschrieben. Er verwandelt sich in Schicksal, in ein erbliches Verhängnis. Von nun an und für alle Zeiten ist das *innerste Wesen* des Opfers davon befallen, und damit sind es auch *alle Manifestationen dieses Wesens*: Der Körper, die Seele, sein Verhalten. In aller Regel

verbindet sich ein biologischer mit einem psychologischen und einem kulturellen Rassismus (es handelt sich eigentlich mehr um einen »Ethnismus« als um einen Rassismus).

2. Wenn der Unterschied so tief in das innerste Wesen des Opfers reicht, dann muß er sich auch *auf alle Menschen, die am selben Wesen teilhaben, erstrecken.*[8] Deshalb kann man hier nicht nur von einer Verallgemeinerung sprechen: Individuelles und kollektives Merkmal stehen in einer Art dialektischem Verhältnis zueinander. Jeder wirkliche oder erfundene Mangel des Angeklagten wird auf eine ganze, ihm verwandte Gruppe von Menschen ausgedehnt, aber unterschwellig wird der Angeklagte aufgrund eines kollektiven Makels verurteilt. Der Antisemit geht von der unterstellten Geldgier dieses oder jenes Juden aus, um zu dem Schluß zu gelangen, daß alle Juden habgierig seien, oder er befindet, man könne keinem einzigen Juden trauen, weil sie alle habgierig seien. Derselbe Mechanismus greift im Hinblick auf die notorische Faulheit des Kolonisierten oder die Gewalttätigkeit des Schwarzen.

Aber auf welcher Ebene er auch in Erscheinung tritt, immer findet man im Rassismus jenes *kollektive* Element, das sich anscheinend besonders gut zur Verabsolutierung eignet: kein Jude, kein Kolonisierter und kein Schwarzer wird diesem *sozialen Determinismus* entrinnen können.

Der Unterschied ist endgültig

Es wird verständlich, daß derselbe Mechanismus auch auf die *Zeit*, auf die Vergangenheit und die Zukunft, ausgedehnt wird: Der Jude war schon immer habgierig, der Schwarze von jeher unterlegen. Daraus folgt, daß sie dies *immer* sein werden, ohne Hoffnung auf eine Änderung oder Rettung. *Verabsolutierung, gesellschaftliche und zeitliche Verallgemeinerung* laufen auf dasselbe hinaus. Am Ende wird das Wesenhafte zunächst des Unterschieds und dann der Person des Opfers absolut gesetzt, sie wird typisiert, so daß so etwas wie der absolute Kolonierte oder der absolute Jude entsteht. Es sind wohlgemerkt negative Typen, endgültig und absolut negativ. Es ist bekannt, wie der Jude schließlich im Mittelalter zu einer der Inkarnationen des Teufels und Jahrhunderte später wiederum zum absoluten und antithetischen Feind der Nationalsozialisten wurde; der Schwarze wurde zu einer der minderwertigen Kategorien der menschlichen Art. Kurz, *im Extremfall tendiert der Rassismus zum Mythos.*

An dieser Stelle löst sich die Konstruktion von der Wirklichkeit, von der sie sich kurze Zeit genährt hat, um ihrer eigenen Logik zu folgen. Auf diesem Weg von der einfachen Beschuldigung zum Mythos findet in verschiedenen Etappen die Entwertung des Opfers statt. Im Grunde geht es um eine fortschreitende Entmenschlichung. Der Rassist charakterisiert sein Opfer durch eine Reihe überraschender Merkmale, es sei unbegreiflich, undurchsichtig, mysterös, befremdlich, beunruhigend usw. Mit der Zeit macht er aus ihm so etwas wie ein Tier, eine Sache oder noch einfacher ein Symbol.

Am Ende dieses fortwährenden Bemühens, das Opfer von jeder menschlichen Gemeinschaft auszuschließen, ist dieses endgültig in sein Geschick des Unglücks, der Verhöhnung und der Schuld verstrickt, während gleichzeitig der Ankläger endgültig sicher sein kann, seine Rolle als legitimer Vertreter des Rechts zu behalten.

Die Rechtfertigung des Anklägers

Während der Rassismus zum Mythos tendiert, *kann man am Mythos den Rassisten erkennen.*

Die Beweggründe für das rassistische Vorgehen finden sich im Rassisten selbst. Jede noch so oberflächliche Analyse fördert sie mühelos zutage, ob es sich nun um eine individuelle oder eine kollektive Aggression handelt.

Auf die mittlerweile klassischen Analysen, die das Phänomen des Sündenbocks oder die Vorstellung vom Fremden, der die Nationalseele verderbe, untersuchen, gehe ich nicht mehr ein. Es ist bekannt, daß menschliche Gemeinschaften, um sich von verschiedenen Schuldgefühlen zu befreien, diese auf ein Objekt – ein Tier, einen Menschen oder eine Gruppe – projizieren, das sie beschuldigen und an ihrer Statt bestrafen. Auch auf den Rassismusvorwand bei individuell verübter Aggression komme ich nicht mehr zurück. Die wirtschaftliche Konkurrenz, die zwischen Intellektuellen und Künstlern bestehende Rivalität um Anerkennung und Ansehen, auch sie können den Rassismus heraufbeschwören, d. h. eine a priori geltend gemachte Rechtfertigung sämtlicher Schwierigkeiten des Anklägers sowie seines Verhaltens gegenüber seinem Widersacher. Weniger krass ausgeprägt gibt es sogar eine *spezifisch individuelle Motivation* für den Rassismus, die noch kaum erforscht wurde.[9] Ein gewisses Gefühl der Beklemmung gegenüber dem anderen, die daraus entstehende Angst und die Aggression als spontanes Mittel, diese Angst zu unterdrücken, all das findet man bei Kindern und wahrscheinlich auch bei vielen Erwachsenen. Der Andersartige, der Fremde wird möglicherweise als Störfaktor empfunden, als ein Ärgernis, so daß man versuchen muß, ihn verschwinden zu lassen ... Die Reaktion ist unwillkürlich, fast instinktiv, aber ihre Wurzeln reichen sicherlich tiefer, als man sich eingestehen möchte. Und es ist besser, sie ernsthaft zu erforschen, als sie mit einem optimistischen Moralismus zu umgehen. In allen diesen Fällen bleibt der Mechanismus derselbe: Eine zutreffende oder falsche Charakterisierung des Opfers soll dazu dienen, die Einstellung und das Verhalten des Anklägers ihm gegenüber zu erklären und zu *rechtfertigen*.

Die Legitimierung des Unrechts

Welcher Art sind die Einstellung und die Verhaltensweise, die derart vom Ankläger selbst gerechtfertigt werden müssen? Warum hält er es für nötig, zu seiner Rechtfertigung eine Anklage vorzubringen? *Weil er sich seinem Opfer gegenüber schuldig fühlt.* Weil er davon überzeugt ist, daß seine Einstellung und sein Verhalten gegenüber dem Opfer zutiefst ungerecht und arglistig sind. Denn hier müssen wir die Argumentation des Rassismus umkehren: Er bestraft sein Opfer nicht, weil es eine Bestrafung verdient, sondern er erklärt es für schuldig, *weil es bereits bestraft ist,* oder bestenfalls weil er sich gerade anschickt, es zu bestrafen.

Der Beweis: *Tatsächlich ist die Strafe fast immer schon vorher verhängt worden.* Das Opfer des Rassismus *lebt bereits* in Schmach und Unterdrückung. Der Rassismus richtet seine Anklage nie gegen die Mächtigen, sondern stets gegen die Besiegten. Der Jude ist von vornherein ausgeschlossen, der Kolonisierte von vornherein kolonisiert. Um diese Strafe, dieses Elend zu rechtfertigen, werden überhaupt erst Gründe angeführt, die es dann erlauben, den *Numerus clausus* der kolonialen Ausbeutung zu erklären und zu legitimieren.

Dem ist hinzuzufügen, daß dieses Unrecht, das elende Leben des Opfers, in vielen Fällen vom Ankläger nicht einmal bewußt gewollt ist. *Der Rassismus ist das objektive Gegenstück zur objektiven Situation des Opfers.* In seinen Worten könnte es etwas heißen, wenn die Frau leidet, dann deshalb, weil sie zu leiden verdient, wenn der Schwarze Sklave ist, dann deshalb, weil er verdammt ist. Der einzelne kann durch diese kollektive Argumentation verführt werden, die zum Wertesystem seines Milieus gehört und ihm die Last einer möglichen Verantwortung abnimmt. Es gibt keinen Skandal mehr, da alle Welt das Geschehen duldet und billigt.

Das ist auch der Grund, warum der Rassismus fast jeder Form der Unterdrückung auf dem Fuße folgt: *Der Rassismus ist eine der besten Rechtfertigungen, eines der besten Symbole der Unterdrückung.* Ich habe ihn in der kolonialen Situation ebenso wiedergefunden wie im Antisemitismus und in der Unterdrückung der Schwarzen; er existiert in mehr oder weniger verhüllter Form gegenüber dem Proletarier wie überhaupt gegenüber allen Gruppen, die in Knechtschaft leben müssen.

Dabei darf nicht vergessen werden, daß der Rassismus der Nuancierung fähig ist, daß er sich je nach gesellschaftlichem und historischem Kontext und je nach der Form der Unterdrückung unterschiedlich äußert. Der gemeinsame Nenner entbindet uns nicht von der Aufgabe, in jedem Einzelfall nach den *besonderen Bedingungen des Kontexts* zu fragen. Im Gegenteil, ich habe es immer wieder gezeigt, die in ihrer Argumentation vergleichsweise eintönige und banale Anschuldigung des Rassismus verdeckt etwas Wesentlicheres: eben diesen besonderen Kontext, diese spezielle Form der Unterdrückung als eigentliche Ursache für den rassistischen Vorwand. Der Schwarze wird als unfähig von Geburt dargestellt, damit er in wirtschaftlicher Sklaverei gehalten werden kann, der Kolonisierte als hoffnungslos technisch unbegabt, damit die Kolonisation aufrechterhalten werden kann, der Proletarier als politisch und gesellschaftlich unreif, damit die Herrschaft der besitzenden Klassen unangefochten bleibt. Und wenn man jeden speziellen Rassismus beenden will, dann muß man wohl oder übel auch die Kolonisation oder die gesellschaftliche und politische Struktur unserer Gesellschaften bekämpfen.

Nach diesen Ausführungen bleibt nur noch *ein grundle-*

gender Mechanismus aufzudecken, der allen rassistischen Reaktionen gemeinsam ist: Es geht um *die Notwendigkeit, das
Unrecht eines Unterdrückers gegenüber dem Unterdrückten
zu rechtfertigen*; eine Aggression, die seit langem andauert
oder gerade vorbereitet wird. Und ist nicht das *Privileg* eine
anhaltende Aggression, unter der ein Mensch oder eine
Gruppe leiden muß, die von einem Herrscher oder einer
herrschenden Gruppe unterdrückt wird? Wie läßt sich ein
solcher Zustand des Unfriedens, der obendrein höchst einträglich ist, anders entschuldigen als durch die Belastung des
Opfers? Jenseits seiner Verkleidungen *ist der Rassismus eine
Selbst-Absolution des Rassisten.*

Wiederholung der Definition

Wir kommen nunmehr zu der bereits vorgeschlagenen Definition, welche die Grundgedanken dieses Kommentars noch
einmal zusammenfaßt:

*Der Rassismus ist die verallgemeinerte und verabsolutierte
Wertung tatsächlicher oder fiktiver Unterschiede zum Nutzen
des Anklägers und zum Schaden seines Opfers, mit der seine
Privilegien oder seine Aggressionen gerechtfertigt werden sollen.*

Anmerkungen zu einem Kampf gegen den Rassismus und zu einer Therapie

Damit sind wir am Ende der eigentlichen Definition und ihres Kommentars angelangt. Lassen sich daraus bestimmte
Lehren für den Kampf gegen den Rassismus ziehen?

Wie man gesehen hat, schien es mir sinnvoll und notwendig, jene Soziologie der guten Gefühle oder den Psychopa-
thologismus aufzugeben, die beide aus dem Rassismus eine

monströse und unbegreifliche Verirrung bestimmter sozialer Gruppen oder eine Art Wahnvorstellung einzelner Individuen machen. (So wird der Nazismus zu einem »unerklärlichen« Phänomen im Europa des 20. Jahrhunderts — die Persönlichkeit des Rassisten entspringt dann einer diffusen Pathologie) Nun hat jedoch der Rassismus sowohl im menschlichen Individuum als auch in der sozialen Gruppe durchaus seine Grundlagen, und er folgt bestimmten Mechanismen, die ihre eigene Logik aufweisen. Ein Kampf gegen ihn muß auf der Kenntnis dieser Grundlagen und dieser Mechanismen aufbauen und darauf gerichtet sein, auf diese einzuwirken.

Wir müssen also kurz gesagt zwei Aufgaben angehen, zum einen die einer *Information* und zum anderen die Führung eines spezifisch *politischen* Kampfes.

Zur Aufgabe der Information und Erziehung gehört eine Neubewertung des *Unterschieds*. Für den Rassisten, der sich befremdet fühlt oder Angst vor dem Unbekannten verspürt, ist der Unterschied etwas Schlechtes und deshalb zu verurteilen. Paradoxerweise stößt dies bei den Humanisten und Antirassisten nicht auf Widerspruch; sie begnügen sich damit, die Existenz von Unterschieden zu leugnen, womit sie dem Problem lediglich ausweichen. Es wäre demnach längst an der Zeit, bestimmte Unterschiede zwischen den Menschen als eine Tatsache zu akzeptieren und zu zeigen, daß diese weder schädlich noch empörend sind.[10]

Der politische Kampf muß sich für jeden Kontext auf eine eigene Analyse stützen: Wem nützt die Argumentation des Rassisten? Welches Privileg oder welche Aggression soll damit vorbereitet oder verschleiert werden? Denn wenn man den Rassismus wirklich treffen will, muß man dieses konkrete Verhältnis bekämpfen, *diese offene oder verdeckte Unterdrückung*. Andernfalls beschränkt man sich weiterhin auf eine Entrüstung, die wenig kostet, dafür jedoch völlig wirkungslos bleibt, mit anderen Worten auf einen schwärmerischen Antirassismus.

Nachbemerkung von 1973

In diesen beiden Texten habe ich vielleicht jenem anderen Aspekt des Rassismus zu wenig Nachdruck verliehen: der Stärkung des Zugehörigkeitsgefühls zur eigenen sozialen Gruppe. Diese beiden Aspekte sind offenbar komplementär. Ganz allgemein schafft in jeder Xenophobie, in jeder *Heterophobie*, die Ablehnung des anderen die Möglichkeit, die Zugehörigkeit des Individuums zu seiner eigenen Gemeinschaft zu bekräftigen und das Kollektivbewußtsein zu verstärken – gegen die anderen.

Weitere Überlegungen hierzu sowie ein historischer Überblick finden sich in dem von mir verfaßten Artikel »Racisme« in der *Encyclopaedia Universalis*, im vorliegenden Buch S. 151 ff. In seinem Artikel »Racisme, Ethnisme, Xénophobie« (Dictionnaires du Savoir Moderne, *Histoire*, S. 410) macht mir Maxime Rodinson den Vorwurf, »ein spezifisches Phänomen in einem viel zu umfangreichen Komplex untergehen zu lassen«. Als Antwort kann ich nur noch einmal auf meine beiden methodischen Ausgangspunkte verweisen:

1. Aufdecken der *gemeinsamen Mechanismen* hinter einzelnen, mehr oder weniger ähnlichen Verhaltensweisen.

2. Für jeden einzelnen Fall die Untersuchung der *spezifischen Besonderheit* jeder rassistischen Argumentation.

So ist z. B. der Antisemitismus eine Spielart des Rassismus und läßt sich überhaupt nur in diesem Zusammenhang verstehen. Andererseits ist er aber auch eine spezifische Verhaltensweise, die ein besonderes Opfer treffen soll, im Namen einer besonderen Ideologie, die das Ergebnis einer gemeinsamen Geschichte mit dem Aggressor ist.

Diese beiden Aspekte sind in meinen Augen so sehr inein-
ander verzahnt und so komplementär, daß es unmöglich ist,
den einen ohne den anderen zu verstehen.

Mythisches Porträt und Situation des Kolonisierten[1]

Genau wie die Bourgeoisie ein Bild des Proletariats entwirft, beschwört die Existenz des Kolonisators ein Bild des Kolonisierten und setzt es durch: Alibis, ohne die das Verhalten des Kolonisators – und des Bourgeois – sowie deren ganzes Dasein empörend erscheinen müßten. Aber wir enthüllen die Mystifizierung gerade darum, weil sie alles etwas zu perfekt eingerichtet hat.

Nehmen wir uns aus diesem anklägerischen Bild den Charakterzug der Faulheit. Er scheint bei allen Kolonisatoren, von Liberia über den Maghreb bis hin nach Laos, auf einmütige Zustimmung zu stoßen. Es ist unschwer zu sehen, wie *bequem* diese Charakterisierung ist. Sie hat ihren guten Platz innerhalb der Dialektik: Selbsterhöhung des Kolonisators – Abwertung des Kolonisierten. Überdies ist sie *wirtschaftlich einträglich.*

Nichts könnte das Privileg des Kolonisators besser legitimieren als seine Arbeit; nichts die Ärmlichkeit des Kolonisierten besser rechtfertigen als dessen Müßiggang. Zum mythischen Bild des Kolonisierten gehört darum seine unglaubliche Faulheit, zu dem des Kolonisators der tugendhafte Sinn für tätiges Schaffen. Gleichzeitig suggeriert damit der Kolonisator, daß die Beschäftigung von Kolonisierten wenig rentabel sei, was wiederum dessen unerhört schlechte Bezahlung erlaubt.

Es mag so scheinen, als hätte die Kolonisation daran verdient, daß sie über besonders qualifizierte Arbeitskräfte verfügt. Nichts wäre falscher als das. Der qualifizierte Arbeiter, den man unter den »unechten« Kolonisatoren antrifft, verlangt einen Lohn, der das Drei- bis Vierfache von dem des Kolonisierten beträgt; allerdings produziert er nicht drei- bis viermal soviel wie jener, weder in der Quantität noch in der Qualität: *es ist wirtschaftlicher, drei Kolonisierte zu beschäftigen als einen Europäer.* Gewiß braucht jedes Unternehmen Spezialisten, die der Kolonisator selbst importiert oder unter seinesgleichen auswählt, aber nur in sehr geringem Umfang. Damit ist noch nichts gesagt über die Bevorzugung und den gesetzlichen Schutz, die der europäische Arbeiter zu Recht für sich beansprucht. Vom Kolonisierten benötigt man nichts als die Arme, und er ist nichts anderes: Im übrigen stehen diese Arme so niedrig im Kurs, daß man drei oder vier Paar von ihnen für den Preis eines einzigen mieten kann.

Bei näherem Hinsehen stellt man übrigens fest, daß den Kolonisator diese tatsächliche oder unterstellte Faulheit nicht einmal so sehr stört. Er spricht von ihr mit amüsierter Nachsicht und macht seine Scherze darüber; er bedient sich aller gängigen Redewendungen, perfektioniert sie und erfindet neue hinzu. Nichts ist genug, um die so außergewöhnliche Schwäche des Kolonisierten zu kennzeichnen. Bei diesem Gedanken wird er geradezu lyrisch, allerdings in negativer Weise: Der Kolonisierte ist so faul, daß es stinkt, aber wie es stinkt! Es stinkt nicht nur zum Himmel, es stinkt bis zum Mond, bis zur Milchstraße, nein, bis in die siebte Galaxie usw.

Aber stimmt es überhaupt, so wird man weiterfragen, daß der Kolonisierte faul ist? Die Frage ist eigentlich falsch gestellt. Abgesehen davon, daß man eine Bezugsebene definieren müßte, eine Norm, die innerhalb der einzelnen Völker variabel ist – kann man überhaupt ein ganzes Volk der Faulheit bezichtigen? Man kann einzelne verdächtigen oder sogar eine Vielzahl innerhalb einer Gruppe, man kann sich fragen, ob deren Leistung nicht mittelmäßig ist; ob nicht die Unterernährung, die niedrigen Löhne, die fehlenden Zukunftsmöglichkeiten, die Geringfügigkeit seiner sozialen Rolle dem Kolonisierten das Interesse an seiner Arbeit nehmen. Was mißtrauisch macht ist der Umstand, daß der Vorwurf sich nicht nur gegen den Landarbeiter oder den Bewohner der Wellblechbaracken richtet, sondern auch gegen den Lehrer, den Ingenieur oder Arzt, der ebensoviele Arbeitsstunden leistet wie sein Kollege unter den Kolonisatoren, kurz, gegen *jedes* einzelne Mitglied der Gesellschaft des Kolonisierten. Was mißtrauisch macht ist die *Einstimmigkeit* der Ankläger und die *Totalität* des Vorwurfs, so daß kein Kolonisierter von ihm verschont wird und niemals von ihm ausgenommen werden kann. Das heißt: *Es wird abstrahiert von allen sozialen und historischen Bedingungen der Anklage.*

Tatsächlich handelt es sich um alles andere als um eine objektive Bewertung, die dementsprechend differenziert und möglichen Veränderungen unterworfen wäre, sondern um eine *Setzung*: Durch seine Beschuldigung setzt der Kolonisator den Kolonisierten als arbeitsscheues Wesen. Er entscheidet, daß die Faulheit für die Natur des Kolonisierten *konstitutiv* ist. Ist diese Unterstellung einmal erfolgt, so wird offenbar, daß der Kolonisierte ungeachtet seiner Funktion und ungeachtet seines persönlichen Einsatzes niemals etwas anderes sein kann als ein Faulpelz. Wir gelangen immer wieder zum Rassismus zurück, der zweifelsohne nichts anderes tut, als einen tatsächlichen oder eingebildeten Charakterzug des Beschuldigten zum Vorteil des Anklägers zu dessen Natur zu erklären. Man kann dieselbe Analyse auch auf jede andere Eigenschaft anwenden, die dem Kolonisierten unterstellt wird.

Wenn der Kolonisator expressis verbis behauptet, der Kolonisierte sei schwach, so suggeriert er damit, daß diese Schwäche nach Schutz verlangt. Daher stammt allen Ernstes

– ich habe es oft genug gehört – die Vorstellung von einem Protektorat. Es liegt im eigenen Interesse des Kolonisierten, daß er von Führungsfunktionen ausgeschlossen wird und diese schwere Verantwortung dem Kolonisator vorbehalten bleibt. Wenn dann der Kolonisator, um nicht in eine karitative Haltung zu verfallen, hinzufügt, der Kolonisierte sei von widernatürlicher Rückständigkeit, folge schlechten Neigungen, stehle und sei leicht sadistisch, so legitimiert er damit seine Polizei und seine gerechte Strenge. Gegen die gefährlichen Narreteien eines Unzurechnungsfähigen muß man sich doch verteidigen; ihn außerdem – eine verdienstvolle Fürsorge – auch vor seinesgleichen schützen! Dasselbe gilt für den Mangel an Bedürfnissen beim Kolonisierten, seine Untauglichkeit für Komfort, für die Technik, den Fortschritt, seine ungewöhnliche Vertrautheit mit dem Elend: Warum sollte sich der Kolonisator Gedanken um Dinge machen, die die Betroffenen selbst kaum beunruhigen. Man würde ihm einen schlechten Dienst erweisen, so fügt er mit einer ebenso dunklen wie kühnen Philosophie hinzu, wollte man ihn den Zwängen der Zivilisation unterwerfen. Nun gut, erinnern wir uns daran, daß die Weisheit orientalisch ist und akzeptieren wir das Elend des Kolonisierten, wie er selbst es tut! Dasselbe gilt für die berühmte Undankbarkeit des Kolonisierten, die sogenannte seriöse Autoren hervorgehoben haben: Sie erinnert zugleich an alles, was der Kolonisierte dem Kolonisator verdankt, daß alle diese Wohltaten umsonst sind und es vergebliche Liebesmüh wäre, den Kolonisierten bessern zu wollen.

Auffällig nur, daß es zu diesem Bild nicht mehr braucht. Es ist z. B. schwierig, die Mehrzahl der Eigenschaften auf einen gemeinsamen Nenner zu bringen, zu ihrer *objektiven Synthese* zu gelangen. Es ist kaum zu sehen, warum der Kolonisierte zugleich unbedeutend und niederträchtig, faul und rückständig sein soll. Er hätte auch unbedeutend und gut sein können, wie der gute Wilde des 18. Jahrhunderts, kindisch und hart arbeitend oder faul und schlau. Mehr noch, die dem Kolonisierten verliehenen Eigenschaften schließen sich gegenseitig aus, ohne daß dies den Ankläger stören würde. Man schildert ihn in einem Zug als anspruchslos, enthaltsam, ohne große Bedürfnisse *und* als jemanden, der unmäßige Mengen an Fleisch, Fett, Alkohol oder was sonst noch vertilgt; als Feigling, der Angst hat zu leiden, *und* als Rohling, dem sämtliche zivilisatorischen Hemmungen fremd sind usw. Dies als zusätzlicher Beweis dafür, daß es sinnlos ist, diese Kohärenz anderswo zu suchen als beim Kolonisator selbst. An der Basis der gesamten Konstruktion findet man schließlich eine besondere Dynamik: die der ökonomischen und gefühlsmäßigen Bedürfnisse des Kolonisators, die ihm die Logik ersetzt und jeden der Züge, die er dem Kolonisierten verleiht, erheischt und erklärt. Sie sind letztlich alle zum *Vorteil* des Kolonisators, selbst diejenigen, die für ihn auf den ersten Blick nachteilig wären.

Die Entmenschlichung

Was der Kolonisierte wirklich ist, kümmert den Kolonisator wenig. Weit davon entfernt, den Kolonisierten in dessen Wirklichkeit begreifen zu wollen, ist er nur damit beschäftigt, ihn diese unabdingbare Wandlung durchmachen zu lassen. Und der Mechanismus dieser Umgestaltung des Kolonisierten ist wiederum sehr aufschlußreich.

Er besteht zunächst aus einer Reihe von Negationen. Der Kolonisierte *ist* dies *nicht* und *ist* das *nicht*. Er wird niemals positiv beurteilt; falls dies doch geschieht, so verdankt sich die konzedierte Eigenschaft einem psychologischen oder

ethischen *Mangel.* Das gilt z. B. für die arabische Gastfreundschaft, die schwerlich als etwas Negatives angesehen
werden kann. Bei näherem Hinsehen entdeckt man, daß dieses Lob von Touristen ausgesprochen wird, von reisenden
Europäern, aber nicht von Kolonisatoren, d. h. von Europäern, die sich in der Kolonie niedergelassen haben. Sobald er
einmal dort wohnt, profitiert der Europäer von dieser Gastfreundschaft nicht mehr, unterbricht jeden Austausch und
trägt zur Errichtung von Barrieren bei. Sehr schnell ändert er
die Palette für sein Bild des Kolonisierten, der plötzlich miß-
günstig erscheint, auf sich selbst bezogen, der andere ausschließt und fanatisch ist. Was wird aus der berühmten Gastfreundschaft? Da er sie nicht leugnen kann, läßt der Kolonisator nunmehr deren Schattenseiten und verhängnisvolle
Konsequenzen hervortreten.

Sie entspringt einer unverantwortlichen Haltung, einer
Verschwendungssucht des Kolonisierten, dem es an Voraus-
sicht und wirtschaftlichem Sinn fehlt. Ob bei einem Vornehmen oder einem Fellachen, die Feste sind schön und freige-
big, keine Frage, aber was kommt dabei heraus! Der Kolonisierte ruiniert sich, macht Schulden und zahlt am Ende mit
dem Geld anderer Leute! Spricht man andererseits von der
bescheidenen Lebensführung des Kolonisierten? Von dem
kaum weniger bekannten Fehlen von Bedürfnissen? Das ist
ebenfalls kein Beweis für Klugheit, sondern für Dummheit.
So, als ob im Grunde jede wahrgenommene oder erfundene
Eigenschaft ein negatives Anzeichen sein *muß.*

So lösen sich alle Eigenschaften nach und nach auf, die den
Kolonisierten zum Menschen machen. Und das Menschsein
des Kolonisierten, das ihm vom Kolonisator bestritten wird,
wird für diesen am Ende undurchsichtig. Es ist müßig, so
behauptet er, das Verhalten des Kolonisierten *vorhersehen* zu
wollen (»Sie sind unberechenbar!« ... »Bei ihnen weiß man

nie!«). Der Kolonisierte scheint ihm von einer seltsamen und beunruhigenden Impulsivität beherrscht. In der Tat muß der Kolonisierte merkwürdig sein, um nach so vielen Jahren des Zusammenwohnens so geheimnisvoll zu bleiben... Oder es drängt sich der Gedanke auf, daß der Kolonisator gute Gründe dafür hat, an dieser Mysteriosität festzuhalten.

Ein weiteres Zeichen für die Entpersönlichung des Kolonisierten ist das, was man als das *Pluralzeichen* charakterisieren könnte. Der Kolonisierte wird nie in differenzierender Weise beschrieben; er hat nur das Recht darauf, in einem anonymen Kollektiv zu ertrinken. (»*Sie* sind so ... *Sie* sind alle gleich«). Wenn die kolonisierte Hausangestellte eines Morgens einmal nicht kommt, so sagt der Kolonisator nicht, *sie* sei krank oder *sie* hintergehe ihn oder *sie* sei in Versuchung geraten, einen sittenwidrigen Vertrag zu brechen. (Sieben Arbeitstage in der Woche; die kolonisierten Hausangestellten kommen kaum in den Genuß des freien Tages in der Woche, der den anderen eingeräumt wird.) Er wird behaupten, daß *sie* alle unzuverlässig sind. Das ist keine Floskel. Er weigert sich, die persönlichen, besonderen Ereignisse im Leben seiner Hausangestellten in Betracht zu ziehen; dieses Leben in seiner Besonderheit interessiert ihn nicht, seine Hausangestellte existiert nicht als *Individuum*.

Schließlich bestreitet der Kolonisator dem Kolonisierten das kostbarste Recht, das den meisten Menschen zuerkannt wird: die Freiheit. Die Lebensbedingungen, die dem Kolonisierten durch die Kolonisation auferlegt werden, sehen sie gar nicht erst vor, setzen sie nicht einmal voraus. Der Kolonisierte verfügt über keinerlei Ausweg, um seiner unglücklichen Lage zu entrinnen: weder juristisch (durch eine Einbürgerung) noch mystisch (durch religiöse Bekehrung). Der Kolonisierte hat keine freie Wahl, ob er Kolonisierter sein will oder nicht.

Was kann ihm am Ende dieses unbeugsamen Unterfangens der Verfälschung seines Wesens noch bleiben? Mit Sicherheit ist er dann nicht mehr ein Alter ego des Kolonisators. Er ist kaum noch ein menschliches Wesen. Er wird schnell zum Objekt. Im Extremfall, und dahin geht das höchste Streben des Kolonisators, bräuchte er *nur noch in bezug auf die Bedürfnisse des Kolonisators zu existieren, d. h., er müßte sich zum reinen Kolonisierten gewandelt haben.*

Man erkennt die außergewöhnliche Wirksamkeit dieser Vorgehensweise. Welche tatsächliche Pflicht hat man gegenüber einem Tier oder einer Sache, der der Kolonisierte immer ähnlicher wird? Nunmehr wird verständlich, warum der Kolonisator sich so skandalöse Einstellungen und Urteile erlauben kann. Ein Kolonisierter, der einen Wagen fährt, bietet ein Schauspiel, an das der Kolonisator sich nicht gewöhnen will; er streitet ihm jede Normalität ab, wie bei einer Affenpantomime. Ein Unfall, selbst ein schwerer, der einem Kolonisierten widerfährt, bringt ihn fast zum Lachen. Eine Gewehrsalve in eine Menge von Kolonisierten nötigt ihn allenfalls zu einem Achselzucken. Im übrigen erinnert ihn eine eingeborene Mutter, die den Tod ihres Sohnes beweint, oder eine eingeborene Frau, die über ihren Mann trauert, nur undeutlich an den Schmerz einer Mutter oder einer Gattin. Diese unkontrollierten Schreie, diese fremdartigen Gesten reichen aus, sein Mitgefühl sofort wieder erstarren zu lassen, sobald es sich regt. Letzthin berichtete uns ein Schriftsteller humorvoll, wie man die rebellierenden Einheimischen ähnlich wie das Wild in große Käfige getrieben hatte. Daß man auf den Gedanken mit diesen Käfigen verfiel, es wagte, sie auch zu bauen und – vielleicht mehr noch – daß man den Reportern erlaubt hatte, die Beute zu fotografieren, das alles zeigt nur zu gut, daß dieses Schauspiel im Geist seiner Organisatoren nichts Menschliches mehr an sich hatte.

Die Mystifizierung

Nachdem diese zerstörerische Wahnvorstellung vom Kolonisierten aus den Bedürfnissen des Kolonisators geboren wurde, ist es kaum verwunderlich, daß er ihr so sehr entspricht, daß er das Verhalten des Kolonisators zu bestätigen und zu rechtfertigen scheint. Noch bemerkenswerter und vielleicht noch verhängnisvoller ist die Zustimmung, die sie beim Kolonisierten selbst hervorruft.

Beständig konfrontiert mit diesem Bild von sich, das ihm in den Institutionen wie bei jedem menschlichen Kontakt entgegengehalten und aufgezwungen wird, wie sollte er darauf nicht reagieren? Es kann ihm unmöglich gleichgültig und äußerlich bleiben wie eine Beschimpfung, die mit dem nächsten Windstoß wieder davonweht. Am Ende erkennt er es an, wie einen Spitznamen, der ihm zum verhaßten, aber immerhin vertrauten Signal geworden ist. Die Beschuldigung verwirrt ihn, beunruhigt ihn um so mehr, als er seinen mächtigen Ankläger bewundert und fürchtet. Hat er nicht ein wenig recht? spricht er in sich hinein. Sind wir nicht wirklich ein wenig schuldig? Faul, weil wir so viele Müßiggänger haben? Kleinmütig, weil wir uns unterdrücken lassen? Vom Kolonisator gewünscht und verbreitet, wird dieses mythische und entwürdigende Bild schließlich in einem gewissen Grad vom Kolonisierten angenommen und gelebt. So gewinnt es eine gewisse Realität und *wird zu einem Bestandteil des wirklichen Porträts des Kolonisierten.*

Dieser Mechanismus ist nicht unbekannt, es ist eine Mystifizierung. Die Ideologie einer herrschenden Klasse wird bekanntlich von den Beherrschten weitgehend übernommen. Nun enthält jede Kampfideologie als integrierenden Bestandteil bestimmte Vorstellungen über den Gegner. Indem sie dieser Ideologie zustimmen, bestätigen die beherrschten

Klassen in gewisser Weise die Rolle, die man ihnen zugewiesen hat. Das wiederum erklärt unter anderem die relative Stabilität von Gesellschaften; die Unterdrückung wird dort nolens volens von den Beherrschten selbst toleriert. In der kolonialen Situation besteht das Herrschaftsverhältnis zwar zwischen zwei Völkern, aber das Schema bleibt dasselbe. Die Charakterisierung und die Rolle des Kolonisierten nehmen in der Kolonialideologie einen bevorzugten Platz ein; eine Charakterisierung, die zwar nicht der Wirklichkeit entspricht und in sich widersprüchlich, im Rahmen dieser Ideologie allerdings notwendig und kohärent ist und der der Kolonisierte seine undeutliche, halbherzige, aber unleugbare Zustimmung gibt.

Und da liegt das einzige Quentchen Wahrheit dieser modischen Begriffe: Abhängigkeitskomplex, Kolonisierungsbereitschaft usw... Zweifellos besteht an einem bestimmten Punkt seiner Entwicklung eine gewisse Zustimmung des Kolonisierten zur Kolonisation. Aber diese Zustimmung ist Ergebnis und nicht Ursache derselben, sie entsteht *nach* und nicht vor der kolonialen Besetzung. Um sich uneingeschränkt zum Herrn zu machen, genügt es nicht, daß der Kolonisator dies objektiv ist, er muß auch noch an seine Legitimität glauben; und damit diese Legitimität ungeteilt ist, reicht es nicht aus, daß der Kolonisierte objektiv Sklave ist, er muß sich auch als solchen annehmen. Kurz gesagt, der Kolonisator muß vom Kolonisierten als solcher anerkannt werden. Das Band zwischen beiden ist daher ebenso zerstörerisch wie schöpferisch. Es zerstört die beiden Partner der Kolonisation und schafft sie als Kolonisator und Kolonisierten neu: Der eine wird zum Unterdrücker entstellt, zum geteilten Wesen ohne Heimat als Bürger, zum Betrüger, der einzig auf seine Privilegien und deren Verteidigung um jeden Preis bedacht ist; der andere wird zum Unterdrückten verkrüppelt, der in seiner Entfaltung unterbrochen wird und mit seiner Vernichtung einverstanden ist...

Es wäre zu schön gewesen, wenn dieses mythische Bildnis ein reiner Wahn geblieben wäre, ein auf den Kolonisierten geworfener Blick, der nichts bewirkt hätte, als das schlechte Gewissen des Kolonisators zu beschwichtigen. Durch dieselben Erfordernisse weitergetrieben, durch die es hervorgerufen wurde, muß es sich aber unweigerlich in wirkliches Verhalten umsetzen, in wirksame, bedeutsame Verhaltensweisen.

Da der Kolonisierte *mutmaßlicher* Dieb ist, muß man sich *wirklich* vor ihm schützen; da er per definitionem verdächtig ist, warum sollte er nicht schuldig sein? Es ist Wäsche entwendet worden (ein häufiger Vorfall in diesem sonnenheißen Land, wo die Wäsche an der frischen Luft trocknet und alle verhöhnt, die nichts anzuziehen haben). Wer sollte der Schuldige sein wenn nicht der erste Kolonisierte, auf den man in der Umgebung aufmerksam wird? Und da er es *vielleicht* getan hat, geht man zu seiner Wohnung und *nimmt ihn mit* auf die Polizeiwache.

»Halb so wild, mit der Ungerechtigkeit«, erwidert der Kolonisator, »in jedem zweiten Fall erwischt man den Richtigen. Jedenfalls ist der Dieb ein Kolonisierter; wenn man ihn nicht in der ersten Hütte findet, dann in der zweiten.«

Daran ist so viel richtig: Der Dieb (ich meine den kleinen) kommt in der Tat aus der armen Bevölkerung, genauer gesagt, er gehört zu den Armen unter den Kolonisierten. Aber folgt daraus, daß jeder Kolonisierte ein potentieller Dieb ist und als solcher behandelt werden muß?

Diese Verhaltensweisen, die der Gesamtheit der Kolonisatoren gemeinsam sind und sich gegen die Gesamtheit der Kolonisierten richten, werden sich demnach auch als Institutionen ausdrücken. Anders gesagt, sie definieren und erzwingen objektive Situationen, die den Kolonisierten einkreisen, ihn bedrücken und schließlich sogar sein Verhalten ändern und bestimmte Falten in sein Gesicht eingraben. Im großen und ganzen handelt es sich dabei um *Situationen der Verarmung*. Der ideologischen Aggression, die ihn entmenschlichen und schließlich mystifizieren soll, entsprechen kurz gesagt konkrete Situationen, die auf dasselbe Resultat hinauslaufen. Mystifiziert zu sein bedeutet, bereits mehr oder weniger dem Mythos zuzustimmen und ihm sein Verhalten anzupassen, d. h. von ihm bestimmt zu sein. Nun ist dieser Mythos außerdem noch fest auf eine sehr reale Organisation gestützt, auf eine Verwaltung und eine Gerichtsbarkeit; er wird von den historischen, ökonomischen und kulturellen Bedürfnissen des Kolonisators gespeist und stets neu belebt. Selbst wenn er der Verleumdung und Verachtung gegenüber gleichgültig wäre, für Schmähungen und Fußtritte nur ein Achselzucken hätte, wie würde der Kolonisierte den niedrigen Löhnen entgehen, der Agonie seiner Kultur, dem Gesetz, das ihn von der Geburt an bis zum Tod regiert?

Sowenig er der kolonialen Mystifikation entrinnen kann, so wenig könnte er sich diesen konkreten Situationen entziehen, die bestimmte Formen der Verarmung erzeugen. In gewissem Maße ist das tatsächliche Bild des Kolonisierten eine Funktion dieser Verknüpfung. Indem wir eine bereits gebrauchte Wendung umkehren, können wir sagen, daß *die Kolonisation auf dieselbe Weise Kolonisierte erzeugt wie sie Kolonisatoren hervorgebracht hat.*

Das Privileg ist relativ[1]

Gewiß, nicht alle Europäer in den Kolonien sind Potentaten, erfreuen sich eines Besitzes von mehreren Tausend Hektar Land und sitzen in führenden Verwaltungspositionen. Viele von ihnen sind selbst Opfer der Herren der Kolonisation. Sie werden von ihnen wirtschaftlich ausgebeutet und politisch benutzt, um Interessen zu verteidigen, die oft nicht mit den eigenen übereinstimmen. Aber die gesellschaftlichen Verhältnisse sind fast nie eindeutig. Im Gegensatz zu allem, was man gern glauben möchte, zu den frommen Wünschen wie zu den betreffenden Beteuerungen: Tatsächlich ist der kleine Kolonisator im allgemeinen mit dem Kolonisator solidarisch und ein hartnäckiger Verteidiger kolonialer Prinzipien. Warum?

Solidarität mit seinesgleichen? Defensive Reaktion als Äußerung der Angst einer Minderheit, die inmitten einer feindseligen Mehrheit lebt? Zum Teil. Aber in den schönen Zeiten der Kolonisation, als die Europäer der Kolonien noch von Polizei und Armee sowie einer ständig interventionsbereiten Luftwaffe geschützt waren, da hatten sie keine Angst, jedenfalls nicht genug, um eine solche Einmütigkeit zu erklären. Mystifikation? Sicherlich eher. Es trifft zu, daß der kleine Kolonisator selbst einen Kampf führen, eine Befreiung zuwege bringen müßte, wenn er nicht so sehr von den eigenen Leuten hinters Licht geführt und von der Geschichte geblendet wäre. Aber ich glaube nicht daran, daß eine Mystifikation sich auf eine vollständige Illusion gründen, das menschliche Verhalten gänzlich beherrschen kann. Wenn der kleine Kolonisator das Kolonialsystem mit einer solchen Verbissenheit verteidigt, so deshalb, weil er mehr oder weniger davon profitiert. Die Mystifikation liegt darin, daß er mit der Verteidigung seiner höchst beschränkten Interessen zugleich andere, weit wichtigere verteidigt, deren Opfer er außerdem noch ist. Aber selbst als Betrogener und Opfer kommt auch er noch auf seine Rechnung.

Und zwar deshalb, weil *das Privileg eine relative Angelegenheit ist:* Ob mehr oder weniger, jeder Kolonisator ist privilegiert, denn er ist es *vergleichsweise* und zum Schaden des Kolonisierten. Fallen die Privilegien der Mächtigen der Kolonisation ins Auge, so sind die winzigen Privilegien auch des kleinen Kolonisators doch zahlreich. Jede Geste seines täglichen Lebens bringt ihn in ein Verhältnis mit dem Kolonisierten, und mit jeder Geste profitiert er von einem anerkannten Vorteil. Hat er Schwierigkeiten mit den Gesetzen? Die Polizei und selbst die Justiz werden ihn milder behandeln. Benötigt er einen Dienst der Verwaltung? Das wird für ihn weniger bürokratisch erledigt; die Formalitäten werden abgekürzt, man wird ihm einen Schalter vorbehalten, vor dem weniger Bittsteller stehen und wo er nicht so lange warten muß. Er sucht eine Stelle? Muß er sich einem Auswahlverfahren unterziehen? Die Stellen und Posten werden für ihn im voraus reserviert; die Prüfungen werden in seiner Sprache durchgeführt, was für den Kolonisierten Schwierigkeiten mit sich bringt, die ihm kaum eine Chance lassen. Ist er denn so mit Blindheit geschlagen, daß er niemals zu sehen vermag, daß er bei objektiv gleichen Umständen, gleicher wirtschaftlicher Stellung und bei gleichen Leistungen immer im Vorteil ist? Wendet er denn kein einziges Mal den Kopf, um all die Kolonisierten zu bemerken, einige unter ihnen ehemalige Mitschüler oder Kollegen, die er so weit hinter sich gelassen hat?

Aber auch wenn er nichts verlangen würde und nichts nötig hätte − es genügt bereits sein bloßes Erscheinen, damit sich an seine Person das positive Vorurteil all jener heftet, die in der Kolonie zählen, ja sogar noch das Vorurteil derer, die nicht zählen, denn er profitiert von dem positiven Vorurteil, vom Respekt des Kolonisierten selbst, der ihm mehr zugesteht als den Besten seinesgleichen, der z. B. seinem Wort mehr Vertrauen schenkt als einem seiner eigenen Landsleute. Und das alles, weil er von Geburt an eine Eigenschaft besitzt, die unabhängig von seinen persönlichen Leistungen oder seiner objektiven Klasse ist: Er gehört zur Gruppe der Kolonisatoren, deren Werte herrschen und an denen er teilhat. Das Land richtet sich nach seinen traditionellen Feiertagen, ja selbst nach seinen religiösen Festen und nicht nach denen der Einheimischen; der arbeitsfreie Tag in der Woche ist der seines Herkunftslandes, es ist die Flagge seiner Nation, die auf den großen Bauwerken weht, es ist seine Muttersprache, die den gesellschaftlichen Umgang ermöglicht; selbst seine Kleidung, sein Akzent, sein Benehmen drängen sich schließlich dem Kolonisierten zur Nachahmung auf. Der Kolonisator partizipiert an einer überlegenen Welt, und er kann gar nicht anders als automatisch deren Privilegien zu genießen.

Und es ist abermals ihre konkrete, ökonomische, psychologische Situation innerhalb des kolonialen Komplexes, einerseits gegenüber den Kolonisierten, andererseits den Kolonisatoren, die etwas über den Charakter der anderen Bevölkerungsgruppen aussagt, über jene, die weder Kolonisatoren noch Kolonisierte sind: die Staatsangehörigen der anderen Mächte (Italiener und Malteser in Tunesien), die Anwärter auf eine Assimilierung (die Mehrheit der Juden) und die in neuerer Zeit Assimilierten (Korsen in Tunesien, Spanier in Algerien). Man könnte noch die Behördenangestellten hinzufügen, die aus den Kolonisierten selbst rekrutiert worden sind.

Die Armut der Italiener oder der Malteser ist so groß, daß es lächerlich scheinen mag, bei ihnen von Privilegien zu sprechen. Aber wenn sie auch oft genug schlimm dran sind, so tragen doch die wenigen Brosamen, die man ihnen achtlos hinwirft, dazu bei, sie aufzuspalten und tatsächlich von den Kolonisierten zu trennen. Mehr oder weniger im Vorteil gegenüber den kolonisierten Massen, zeigen sie eine Tendenz, ihnen gegenüber ähnliche Beziehungen herzustellen, wie sie zwischen Kolonisator und Kolonisiertem bestehen. Zugleich sind sie keineswegs identisch mit der Gruppe der Kolonisatoren, haben in dem kolonialen Komplex nicht dieselben Funktionen und unterscheiden sich von dieser Gruppe auf je spezifische Weise.

All diese Nuancen werden deutlich, sobald man das Verhältnis dieser Personen zur kolonialen Situation untersucht. Wenn die Italiener in Tunesien die Franzosen auch immer um ihre Privilegien in Justiz und Verwaltung beneidet haben, so sind sie dennoch in einer besseren Lage als die Kolonisierten. Sie stehen unter dem Schutz internationaler Gesetze und eines aktiven Konsulats, ständig unter den wachsamen Augen der Metropole. Vom Kolonisator alles andere als ablehnend behandelt, sind oft sie es, die sich lange Zeit nicht entscheiden können zwischen Assimilierung und der Treue zum Heimatland. Schließlich sind es dieselbe europäische Herkunft, eine gemeinsame Religion und zumeist dieselben Sitten, die sie gefühlsmäßig dem Kolonisator näherbringen. Aus all dem resultieren gewisse Vorteile, die der Kolonisierte zweifellos nicht genießt: eine erleichterte Stellensuche, eine weniger große Ungesichertheit gegenüber Not und Krankheit und eine weniger ungewisse Schulbildung für die Kinder; schließlich auch bestimmte Rücksichten von seiten des Kolonisators, eine weitgehend respektierte Menschenwürde. Man wird verstehen, daß sie — obwohl theoretisch ebenfalls benachteiligt — gegenüber dem Kolonisierten bestimmte Verhaltensweisen an den Tag legen, die sie mit dem Kolonisator gemein haben.

Gegenbeweis: Die Italiener, die aufgrund ihrer Verwandtschaft zweiten Grades mit dem Kolonisator von der Kolonisation nur aus zweiter Hand profitieren, stehen den Kolonisierten sicherlich näher als den Franzosen. Sie unterhalten mit
ihnen nicht diese gezwungenen, förmlichen Beziehungen, sie
haben nicht diesen Ton an sich, aus dem immer der Herr her-
ausklingt, der sich an seine Sklaven wendet, ein Ton, von
dem sich der Franzose überhaupt nicht freimachen kann. Im
Gegensatz zu den Franzosen sprechen die Italiener fast alle
die Sprache des Kolonisierten, pflegen mit ihnen dauerhafte
Freundschaften, und, ein besonders aufschlußreiches Merkmal, sie gehen auch Mischehen mit ihnen ein. Kurz gesagt,
die Italiener, die darin keinen besonderen Vorteil zu sehen
vermögen, halten nicht auf große Distanz zwischen sich und
den Kolonisierten. Dasselbe Resultat würde sich, um nur einige Nuancen verschoben, auch bei den Maltesern ergeben.

Die Situation der Juden — ewig schwankende und erfolglo-
se Anwärter auf eine Assimilierung — läßt sich unter einem
ähnlichen Aspekt sehen. Ihr beständiger und nur zu berechtigter Ehrgeiz dient dem Ziel, ihrer Lage als Kolonisierte zu
entrinnen, eine zusätzliche Last in einer ohnehin drückenden
Situation. Deshalb bemühen sie sich, dem Kolonisator zu
gleichen, in der offen geäußerten Hoffnung, daß er in ihnen
nicht länger etwas anderes als sich selbst sehen möge. Daher
ihre Versuche, die Vergangenheit zu vergessen und gemeinsame Gewohnheiten abzulegen, daher ihre enthusiastische
Übernahme der Sprache, der Kultur und der Sitten des Okzi-
dents. Der Kolonisator weist zwar diese Aspiranten auf einen
Platz unter seinesgleichen nicht immer offen zurück, aber er
hat ihnen auch noch nie gestattet, einen solchen Platz zu
erobern. So leben sie in einem schmerzlichen und beständi-
gen Zwiespalt. Vom Kolonisator nicht angenommen, teilen
sie manches von der konkreten Situation des Kolonisierten

und sind mit ihm tatsächlich in vieler Hinsicht solidarisch, aber im übrigen lehnen sie die Werte des Kolonisierten ab, als gehörte dieser einer untergehenden Welt an, der sie mit der Zeit zu entrinnen hoffen.

Die seit kurzem Assimilierten sind im allgemeinen weitab vom durchschnittlichen Kolonisator anzusiedeln. Jeder von ihnen möchte den anderen als Kolonisator übertrumpfen; sie tragen eine stolze Verachtung des Kolonisierten zur Schau und kehren beständig ihren erborgten Adel heraus, was häufig ihre bürgerliche Roheit und ihre Gier kaschieren soll. Noch zu unsicher im Umgang mit ihren Privilegien, können sie diese nur in Angst genießen und verteidigen sie besonders erbittert. Und wenn die Kolonisation einmal in Gefahr gerät, so stellen sie deren tatkräftigste Verteidiger, ihre Stoßtruppen und hier und da auch ihre Provokateure.

Jene Kolonisierten, die eine Position unter den Behördenangestellten, Führungskräften, Polizisten oder als Kaid* usw. erlangt haben, bilden eine Gruppe, die das Ziel verfolgt, ihrer politischen und gesellschaftlichen Situation zu entfliehen. Indem sie sich jedoch entscheiden, zu diesem Zweck in den Dienst des Kolonialherrn zu treten und ausschließlich seine Interessen zu verteidigen, übernehmen sie am Ende auch seine Ideologie, sogar den eigenen Leuten und sich selbst gegenüber.

Sie alle schließlich, die mehr oder weniger mystifiziert, mehr oder weniger Nutznießer sind, sie werden so weit mißbraucht, daß sie das ungerechte System akzeptieren (indem sie es verteidigen oder sich damit abfinden), das so schwer auf dem Kolonisierten lastet. Ihre Verachtung kann nur eine Entschädigung sein für ihr Elend, so wie auch der europäi-

---

* Höherer arabischer Beamter im Dienst der Kolonialmacht (A. d. Ü.)

sche Antisemitismus nur allzuoft eine bequeme Ablenkung ist. Das also ist das Prinzip der Pyramide der kleinen Tyrannen: Jeder wird von einem Mächtigeren gesellschaftlich unterdrückt und findet immer einen weniger Mächtigen, auf den er sich stützen und dem gegenüber er selbst Tyrann sein kann. Welche Genugtuung und welcher Stolz für einen kleinen Schreiner, der nicht kolonisiert ist, neben einem arabischen Hilfsarbeiter einherzugehen, der auf dem Kopf eine Bretterdiele und ein paar Nägel trägt! Für alle existiert zumindest jene tiefe Befriedigung, im Schlechten besser dazustehen als der Kolonisierte: Sie sind niemals so ganz und gar in jene Erniedrigung verstrickt, in die sie durch die koloniale Tatsache gedrängt werden.

Rassismus und Unterdrückung[1]

Allem äußeren Anschein nach verurteilt jedermann den Rassismus, zumindest bekennt sich niemand öffentlich dazu. Selbst jene, die ihn tatsächlich praktizieren, in ihrer Sprechweise und in ihrem Verhalten, verteidigen ihn nicht als eine Philosophie. Fast immer geben sie für ihre Worte und Taten eine Erklärung, die nach eigenem Bekunden nichts mit Rassismus zu tun hat. Eigentlich könnte man sich mit dieser Einhelligkeit der Meinungen zufriedengeben. Man kann aber auch das Bedürfnis verspüren, dem Phänomen des Rassismus auf den Grund zu gehen, selbst wenn die daraus gewonnene Erkenntnis für uns letztlich beunruhigender sein sollte als die Übereinstimmung der Entrüstung. In diesem Fall wäre der Rassismus als ein Forschungsgegenstand zu betrachten, und wir müßten zunächst auf jeden Moralismus und bis zu einem gewissen Grad sogar auf jede Erwägung von Gegenmaßnahmen verzichten.

Unter diesem Blickwinkel betrachtet, zeigen sich am Rassismus bestimmte Merkmale, die in der Tat alles andere als beruhigend genannt werden können.

Nur wenn wir diese Merkmale berücksichtigen, können wir es uns erlauben, bestimmte Verhaltensregeln vorzuschlagen.

1. *In fast jedem von uns steckt ein Rassist,* ob wir uns dessen bewußt sind oder nicht. Die Skala reicht von jenen, die beteuern, »ich bin zwar kein Rassist, aber ...«, bis zu denen, die behaupten, einen Schwarzen an seinem Körpergeruch zu erkennen, oder die von einem Juden sagen, es sei damals vergessen worden, ihn zu vergasen. Sie reicht vom unbehaglichen Gefühl des erklärten Antirassisten gegenüber einem

Fremden bis zur provozierenden Haltung desjenigen, den am Rassismus lediglich die Bezeichnung stört, von dem, der die Rassentrennung in den Vereinigten Staaten ablehnt und sich gleichwohl hütet, an einen schwarzen Studenten unterzuvermieten, bis zu dem, der die Methoden des Ku-Klux-Klan billigt und sie gegebenenfalls auch in Frankreich anwenden würde. Sie alle geben Erklärungen oder Rationalisierungen für ihre Haltung und ihre Meinung, aber letztlich lassen sich alle ihre Worte und Handlungen auf einen *gemeinsamen Nenner* zurückführen. Der Verteidiger des Ku-Klux-Klan macht geltend, die amerikanischen Kapuzenmänner wollten lediglich ihr Land, die Tugend ihrer Frauen und die Hautfarbe ihrer Kinder verteidigen. Derjenige, der sich schlichtweg weigert, ein Zimmer an einen Schwarzen zu vermieten, oder derjenige, der beim Anblick eines Schwarzen auf der Straße Arm in Arm mit einer weißen Frau eine Irritation verspürt, selbst wenn er sie sich eingesteht und verurteilt – auch sie denken verschwommen an die Reinheit der Frauen und an die Hautfarbe der zukünftigen Kinder der Nation.

Die Interpretationen – Erklärungen, Verschleierungen oder Vorwände – mögen jeweils unterschiedlich sein; trotzdem verweisen alle auf ein und dieselbe Tatsache, teils mehr teils weniger versteckt, aber stets durchaus erkennbar.

2. *Der Rassismus ist summa summarum eine der am weitesten verbreiteten Einstellungen auf der Erde.* Mit anderen Worten, er ist zugleich eine *soziale Tatsache*. Damit erklären sich bereits weitgehend seine Bedeutung, sein mannigfaltiges und verbreitetes Auftreten und seine tiefe Verwurzelung. Das bedeutet auch, daß er vom Individuum bereits vorgefunden wird und sich diesem aufdrängt.

Noch ehe der Rassismus sich also im einzelnen Individuum eingenistet hat, steckt er bereits in den Institutionen und Ideologien, in den Erziehungssystemen und in der Kultur.

Es wäre interessant, einen dieser kulturellen Kreisläufe im Film festzuhalten: wie die Ideologen je nach den Kräfteverhältnissen und den vorhandenen Institutionen ihre Ideologien produzieren, wie die Journalisten diese popularisieren, und wie die Leser dieses zwar verdünnte, aber so oft verabreichte Gift schlucken, daß sie schließlich ganz von ihm durchdrungen sind. Viel zu wenig ist bislang auch gesagt worden über die heimliche Rolle der Schriftsteller und der Literatur, selbst der anspruchsvollen, bei der Verbreitung rassistischer Themen und Bilder.[2] Sogar die Religionen machen sich der Sünde des Rassismus schuldig. Und schließlich bildet auch die Familienumwelt einen außerordentlich fruchtbaren Nährboden für Vorurteile, Ängste und Ressentiments, von denen kaum ein Kind ganz verschont bleibt. Kurz, der Rassismus wird vor allem *kulturell vermittelt,* man nimmt ihn bereits mit der Muttermilch in sich auf.

3. Woher kommt diese allgemeine Verbreitung, dieses Wuchern einer so negativen Einstellung, die dem gemeinschaftlichen Leben der Menschen so sehr schadet?

Wir haben uns vorgenommen, dem Phänomen auf den Grund zu gehen, statt uns um jeden Preis zu beruhigen oder es bei der Empörung über die extreme Bösartigkeit mancher Menschen zu belassen. Tatsächlich *ist die Erklärung des Rassismus bequem.* Deshalb wird sie auch so umstandslos und so häufig von einer Gruppe oder einzelnen Individuen benutzt — sie ist allzu verführerisch.

Wenn die rassistische Schuldzuweisung eine derart weit verbreitete und sich so mühelos durchsetzende soziale Tatsache ist, dann darum, weil sie etwas von einer Gewißheit an sich hat, weil sie außerhalb ihrer selbst eine Art Bestätigung findet: Als *psychologische und soziale Tatsache ist der Rassismus auch eine institutionelle Tatsache.*

Der Kolonisierte wurde nicht nur *beschuldigt,* ein Mensch

zweiter Klasse zu sein, *er war es tatsächlich,* er genoß nicht dieselben Rechte wie der Kolonisator. Der Schwarze in den Vereinigten Staaten wird nicht nur als unangepaßt geschildert, er *ist* es auch nur allzuoft. Der Jude ist *wirklich* abgesondert und wird mehr oder weniger diskret in ein Ghetto abgedrängt.

Die Unterlegenheit und die Niederlage des Opfers sind überdies eine feststellbare Tatsache: Wie sollte man also nicht versucht sein, *die rassistische Ideologie als den adäquaten Ausdruck dieser objektiven Situation* zu betrachten? Wenn der Jude ausgegrenzt ist, wird man sagen, dann liegt das vermutlich daran, daß irgend etwas in ihm diese Trennung auf sich zieht und verdient. Wenn der Kolonisierte ein derart bedrückendes und beschämendes Schicksal erleidet, dann darum, so hat man uns erklärt, weil er kolonisierbar war usw.

Offensichtlich könnte man sich aber ebensogut sagen, daß es im Gegenteil diese Ideologie, diese bis zum Mythos getriebene Schuldzuweisung ist, welche die ungerechte Lage, in der sich das Opfer befindet, erklärt und legitimiert. Doch gleichzeitig müßte man auch sich selbst, die Seinigen und die gesamte eigene Welt anklagen, die ein solches Opfer hervorbringen. Wer trägt daran die Schuld? Dazu bedürfte es allerdings einer solchen Klarheit des Bewußtseins, einer Aufrichtigkeit und eines solchen Mutes, wie sie nicht einmal bei Menschen von sogenannter hoher Bildung zu finden sind. Ist es da nicht »natürlicher«, spontaner und auch so viel bequemer, nach einer Erklärung zu suchen, die das tiefsitzende Schuldgefühl des einzelnen und der Gruppe gegenüber dem Opfer des Rassismus eher beruhigt?

4. Die rassistische Erklärung ist, kurz gesagt, die *lohnendste.* Sie ist effizient, ja sogar wohltuend oder euphorisierend, wie die Psychologen sagen. Sie beruhigt, und sie schmeichelt; sie entschuldigt und bestärkt den Rassisten, indem sie sein

individuelles und sein kollektives Ich stärkt. Und sie unterstützt weitgehend den unruhigen und gierigen Narziß, der in jedem von uns steckt.

Und zu welchem niedrigen Preis! Der Rassist braucht lediglich die anderen für sich arbeiten zu lassen! Er findet sein Vergnügen, seine Rechtfertigung und seine Ruhe auf Kosten der anderen, indem er sie alle über einen Leisten schlägt. Er hat es nicht einmal nötig aufzuschneiden: Er schwärzt die anderen an, die ihm als Kontrastfigur dienen müssen. Seine Überlegenheit braucht er gar nicht erst unter Beweis zu stellen: Sie gründet sich auf die Unterlegenheit der anderen.

Die rassistische Versuchung ist gerade diejenige, der man am wenigsten widersteht. Warum sollte man sich denn ein Laster versagen, das so wenig kostet? Eines von der seltenen Sorte, das das Wohlbefinden des Sünders scheinbar nicht beeinträchtigt, da der andere dafür bezahlen muß. Warum sollte man diesem Verlangen nicht nachgeben, das so leicht zu stillen und außerdem so allgemein verbreitet ist?

5. Um groß zu sein genügt es dem Rassisten, auf die Schultern eines anderen zu steigen.

Jetzt versteht man, warum er das augenfälligste, ergebenste Opfer wählt, eines, das sich seinen Schlägen anbietet, ohne dagegen aufzubegehren, das Opfer, das bereits am meisten gedemütigt ist; so ist es am bequemsten bei diesem an sich schon bequemen Unternehmen. *Der Rassist wendet sich aus Instinkt an den Unterdrückten;* es ist leichter, jemandem Unglück zuzufügen, der bereits unglücklich ist.

Man hört kaum etwas von einem antiamerikanischen, antienglischen oder gar antideutschen Rassismus: Dies sind historisch starke Menschen, unterstützt von mächtigen Nationen, während der Rassist für seinen Triumph Menschen aussucht, die sind von der Geschichte geschlagen wurden und zu den schwachen Gliedern der Kette der Menscheit zählen.

6. Das ist auch der Grund, warum der Fremde für den Rassisten eine erstklassige Beute darstellt, einen passenden, unverhofft bereitgestellten Tretschemel für den Fuß dieses lächerlichen Siegers. *Daher rührt die offensichtliche, besonders enge Verwandtschaft zwischen Rassismus und Fremdenhaß.* Die Schwäche des Fremden zieht den Rassismus auf sich, so wie ein Gebrechen den Sarkasmus und die Verachtung der anderen auf sich zieht.

7. Von daher erklärt sich auch der erstaunliche *Rassismus des Unterdrückten selbst;* es läßt sich überhaupt nicht bestreiten, daß auch der Proletarier, der Kolonisierte, der Jude oder der Schwarze ihrerseits Rassisten sein können. Wie ist es möglich, daß zwei Opfer einander bekämpfen? Dennoch ist die Antwort einfach: Es geschieht durch denselben Mechanismus, und weil beide derselben Versuchung erliegen. Auf wen könnte sich der europäische Arbeiter stützen, um ein wenig größer zu erscheinen, wenn nicht auf den eingewanderten Arbeiter? Dieser kann aus Nordafrika stammen, aber ebensogut aus Italien, Spanien oder auch Polen, d. h., er kann sogar derselben angeblichen Rasse angehören wie der erstere. Im übrigen ein weiterer Beweis dafür – falls es dessen noch bedurft hätte –, daß Rassismus nicht immer etwas mit Rasse zu tun hat. Bei wem konnte sich der kleine Kolonisator, auch er ausgebeutet und benachteiligt, Genugtuung verschaffen wenn nicht beim Kolonisierten, auf den er trotz allem von der Höhe seiner bescheidenen Privilegien herabschauen konnte, die ihm von den Kolonialinstitutionen gewährt wurden? So liegt es z. B. auch für den Schwarzen in den USA nahe, den Puertorikaner zu verachten, der es ihm seinerseits mit gleicher Münze heimzahlt.

Kurzum, jeder sucht sich Menschen einer niedrigeren gesellschaftlichen Rangstufe, denen er als strahlender Herrscher entgegentritt. Der Rassismus bietet für jeden eine passende

Lösung: Es genügt, jemanden zu finden, der noch kleiner, noch ein wenig mehr unterdrückt ist, ein geeignetes Opfer also, auf das man seine Verachtung und seine Anklage richten kann. *Der Rassismus ist ein Vergnügen, das sich jeder leisten kann.*

8. Haben es die Menschen nach alledem so sehr nötig, sich zu beruhigen und sich zu behaupten, selbst um den Preis der Unterdrückung der anderen? Sich zu rechtfertigen, selbst wenn sie dazu die anderen anklagen müssen? Angesichts der weiten Verbreitung des Übels und der Häufigkeit, mit der diese Lösung gewählt wird, können wir die Frage nur mit Ja beantworten.

Zweifellos eine trügerische Lösung, ein vergeblicher Akt der Kompensation, obendrein schäbig und ungerecht, welcher die Proportionen verzerrt, die Perspektiven verfälscht, sich selbst täuscht und die Würde des einen zerstört, um scheinbar die eines anderen zu retten. Aber wir müssen durchaus zugeben, daß es sich hier um *so etwas wie eine Lösung ganz realer Probleme* handelt, ein Beruhigungsmittel gegen unleugbare Beschwerden und so weit verbreitet, daß ihr Fehlen eher Erstaunen hervorrufen müßte.

Es ist eine Tatsache, daß ein Kranker sich mit dem Gedanken tröstet, anderen gehe es noch schlechter als ihm; er hat die undeutliche Empfindung, daß er noch eine Weile zu leben hat, daß sein Tod noch nicht vor der Tür steht, weil andere dem Sterben weit näher sind als er. »Sieh' unter dich!« lautet der ebenso banale wie bewährte Rat im Volksmund. Es ist eine Tatsache, daß sich der Unglückliche beim Anblick des Unglücks anderer beruhigt. Kann es uns noch wundernehmen, daß der Rassist sich von seinem Elend erholt, indem er das der anderen betrachtet? Daß er sogar noch einen Schritt weitergeht und dem anderen mehr an Elend, Unglück und Verdorbenheit zuschreibt als dieser tatsächlich ertragen muß?

9. Das um so mehr, als der andere fast nie eine neutrale Reaktion auslöst. Vielleicht hat man diesen Aspekt des Rassismus bislang zuwenig hervorgehoben: das Unbehagen, *das Erschrecken vor dem Andersartigen*. Bis zu einem gewissen Grad ist der Fremde immer befremdend und beängstigend. Das gilt gelegentlich sogar schon für den Angehörigen einer anderen gesellschaftlichen Klasse. Und vom Erschrecken zur Feindseligkeit und von der Feindseligkeit zur Aggression ist es immer nur ein kleiner Schritt. Um den anderen zu lieben, muß man sich entspannen, sich hingeben, sich im anderen vergessen, d. h. sich mehr oder weniger mit ihm identifizieren. Man verzeiht dem Fremden erst, wenn man ihn ganz annehmen kann. Andernfalls wirken seine Undurchdringlichkeit, sein Widerstand beunruhigend und irritierend. Aber wie sollten wir diesen Menschen gegenüber keinen Groll empfinden, die uns zwingen, auf der Hut zu bleiben? Die uns keine andere Wahl lassen als uns zu wappnen? Und obendrein kommt noch die Logik der Affekte ins Spiel (eine schlechte Bezeichnung), die umgekehrte Überlegung: Diese Leute, denen wir mißtrauen, diese Verdächtigen, die wir von vornherein verurteilen, für die wir kaum etwas übrig haben, wie sollten sie es uns nicht mit gleicher Münze heimzahlen?

10. Damit ist der Kreis geschlossen: Diese Menschen, die uns wahrscheinlich nicht ausstehen können, verdienen sicherlich unseren Haß; müssen wir uns nicht im voraus gegen ihre potentiellen Angriffe schützen, indem wir diesen zuvorkommen? usw. Zahlreiche individuelle und kollektive Konflikte entstehen auf diese Weise oder nähren sich weitgehend aus diesem Gefühlsbrei, während es doch ganz einfach darum geht, die Angst vor dem anderen zu bannen und ein Gewissen zu beruhigen, das von so vielen verworrenen Bösartigkeiten irritiert ist.

Das Schuldgefühl schließlich ist eine der mächtigsten Trieb-

kräfte des rassistischen Mechanismus. Der Rassismus ist zweifellos eines der Mittel, mit denen der Mensch gegen jenes andere, innere Elend ankämpft: die Gewissensbisse. Das ist auch der Grund, warum *das Privileg und die Unterdrückung so heftig nach dem Rassismus verlangen.* Wo Unterdrückung herrscht, muß es auch einen Schuldigen geben, und wenn sich der Unterdrücker nicht selbst schuldig spricht, was schon bald unerträglich wäre, muß der Unterdrückte dies übernehmen. Kurz, *der Rassismus ermöglicht es, dem Opfer die tatsächlichen oder fiktiven Verbrechen des Rassisten aufzubürden.*

Was können wir da tun? Was tun, wenn das Übel so vertraut und so verbreitet ist, so tief in jedem von uns verwurzelt, so sehr verquickt mit unseren Institutionen und unseren kollektiven Vorstellungen, so verführerisch und scheinbar so billig zu haben ist? Das letztere ist wahrscheinlich unzutreffend, denn ich behaupte, daß der Rassismus wie jede Unterdrückung das Gesicht und das Verhalten des Rassisten selbst deformiert, so wie die Kolonisation selbst den wohlmeinenden Europäer zum Kolonisator gemacht hat. Aber auch hier bedarf es eines klaren Bewußtseins, um die negativen Auswirkungen der Angst, der Autorität und der Privilegien auf uns selbst ins Blickfeld zu bekommen. Und was sollen wir tun angesichts einer Schädigung, die sich derart schleichend vollzieht?

1. Wir müssen allem Anschein nach *unser Mitgefühl[3] schulen*, d. h. uns in dem schwierigen Bemühen üben, *am anderen Anteil zu nehmen.* Man trifft hier im übrigen auf eine alte Volksweisheit: Um das Leiden des anderen, seine Demütigung und seinen Schmerz über die Schmach und die Schläge zu verstehen, nimmt man am besten seinen Platz ein; zumindest in Gedanken und in einer Art einfühlsamer Kongruenz. Im Extremfall kann man sogar versuchen, bestimmte Situa-

tionen des anderen selbst zu leben. »Leben in der Haut eines Schwarzen«, wie es der nordamerikanische Weiße Griffith im Verlauf einer höchst ungewöhnlichen Erfahrung getan hat, oder tatsächlich an der alltäglichen Existenz der Arbeiter teilzuhaben, nach dem Beispiel einiger Vertreter der linken Bewegung oder der Arbeiterpriester. Hier kann kein Zweifel bestehen, daß die Einbildungskraft, die so träge ist, wenn es um andere geht, dem Körper und dem Geist widerwillig folgt. Aber es steht ebenso außer Zweifel, daß dies die beste Hygiene des Geistes gegen den Rassismus darstellt.

2. Dieser Schritt muß jedoch allein schon wegen seines hohen moralischen Anspruchs und der vom einzelnen verlangten Anstrengungen durch *kollektive Maßnahmen* ergänzt werden: Zweifellos ist die Erziehung nach wie vor die wirksamste Methode zur Bildung und Befreiung der Menschen. Das hat mehrere Gründe; sie geht langsam vor sich, ist präventiv und wendet sich bereits an die Kinder, übt eine anhaltende Wirkung auf den einzelnen aus und erreicht eine große Zahl von Menschen. Diese Erziehung der Kinder und Jugendlichen muß begleitet sein von einer ständigen *Information der Erwachsenen:* Was kann man tun, damit die Menschen keine Waffen mehr tragen und sich nicht mehr gegenseitig angreifen? Wie läßt sich ihre natürliche Aggressivität für nützliche Aufgaben einsetzen?

3. Jetzt kommt jedoch das Entscheidende: *Der Kampf gegen den Rassismus fällt zumindest teilweise mit dem Kampf gegen die Unterdrückung zusammen.* Denn es wird trotz allem immer wieder Kampf, notwendigen Kampf geben. Der Rassismus ist ein pervertiertes Gefühl, er ist das Resultat, der Ausdruck und die Stütze einer tatsächlichen Situation, die geändert werden muß, wenn man den Rassismus zurückdrängen will. Wenn der Rassismus verschwinden soll, dann *darf der Unterdrückte kein Unterdrückter mehr sein,* nicht mehr

dieses allzu bequeme Opfer und dieses fleischgewordene Bild der Schuld des Unterdrückers; aber auch *der Unterdrücker muß aufhören, ein Unterdrücker zu sein*, ein Opfer bei der Hand zu haben und darauf ebenso angewiesen zu sein wie darauf, sich dafür zu rechtfertigen.

Es kann selbstverständlich nicht darum gehen, die menschliche Aggressivität abzuschaffen, wie von einigen Rassisten ironisch angemerkt worden ist, die eine Art Philosophie der sogenannten Männlichkeit ins Feld führen, die jedoch in Wirklichkeit auf der Verachtung des Menschen und seiner Zerstörung beruht. Ein gewisses Maß an Aggressivität ist für den Menschen zweifellos unentbehrlich; es ist manchmal notwendig, daß er Abneigung empfinden und auch zuschlagen kann; es wäre nicht gesund und sogar gefährlich, wenn er dazu überhaupt nicht imstande wäre.

Es darf jedoch nicht sein, daß ein fast normales Unbehagen gegenüber der Fremdartigkeit eines anderen ihm als Werkzeug und Vorwand für seine Ungerechtigkeit dient; es darf nicht sein, daß die rassistische Anklage es ihm ermöglicht, den anderen zu unterdrücken, und sie sich zu einer *Mythologie* entwickelt. Es darf nicht sein, daß er sich anmaßt, einen anderen Menschen aus keinem anderen Grund zu drangsalieren als dem, daß dieser einer Gruppe angehört, die allgemein als böse angesehen wird.

4. Man braucht nicht jeden wirklichen Unterschied zwischen den Menschen zu leugnen, wie dies zahlreiche Antirassisten im Überschwang einer vereinfachenden Großherzigkeit gern tun möchten. Wir müssen im Gegenteil *die Unterschiede klar sehen*, d. h., sie als solche zugeben und achten. Wir müssen den anderen als den anderen anerkennen und aus den bestehenden Unterschieden vielleicht sogar einen Nutzen für uns ziehen. Die Anerkennung des anderen samt seinen Unterschieden ersetzt nicht den Dialog; im Gegenteil, sie

macht ihn erst recht notwendig. Wenn wir die Unterschiede leugnen, unsere Augen vor einem unbestreitbaren Aspekt der menschlichen Wirklichkeit verschließen, kann es ein böses Erwachen für uns geben, wenn diese Unterschiede eines Tages auch den Wohlmeinendsten schmerzhaft ins Bewußtsein dringen. Das mußten jedenfalls zahlreiche Lehrer in der Kolonie erfahren, die zu einem großen Teil Humanisten waren.[4]

Gegenüber der Andersartigkeit von Menschen und den damit zweifellos verbundenen Problemen sind zwei Reaktionen möglich, der Krieg oder der Dialog. Die Versuchung, den anderen zu besiegen und zu versklaven und dies unter einem ideologischen – rassistischen oder anderen – Vorwand zu rechtfertigen, ist gewiß sehr verbreitet und anscheinend einträglicher als die Aufnahme eines Dialogs und die Herstellung eines gerechten Zustandes.

5. An dieser Stelle kommt schließlich eine ethische und politische *Entscheidung* ins Spiel, die wir im Verlauf unserer Analyse bewußt außer acht gelassen haben. Wir haben zweifellos die Wahl zwischen einer Haltung, die es zuläßt, daß einige Menschen zum Nutzen anderer unterdrückt und gedemütigt werden, und einer Haltung, die von vornherein allen Menschen dieselbe und gleiche Würde zugesteht. Hier verläuft die eigentliche Trennlinie zwischen Rassisten und Antirassisten. Der Rassist akzeptiert die primitive Gewalt, er möchte sie rechtfertigen und gelangt damit auf seine Weise zu einer Art Philosophie des Menschen und der menschlichen Verhältnisse. Der Antirassist lehnt diesen Bruch zwischen den Menschen und ihre endgültige Klassifizierung in Unterlegene und Überlegene ab. Er glaubt an den Dialog und akzeptiert, daß historische Situationen und Privilegien immer wieder in Frage gestellt werden. *Letzten Endes geht es dabei um zwei verschiedene Menschenbilder und Philosophien.*

Ein Letztes noch: Man kann vor der Schwierigkeit des Kampfes gegen den Rassismus nicht die Augen verschließen.

Es ist nicht bequem, sich in die Lage irgendeines Unterdrückten zu versetzen; die Anteilnahme am anderen ist um so schwieriger, je größer die Unterdrückung, d. h. je größer die soziale und psychische *Distanz* zwischen ihm und den übrigen ist. Eine solche Kluft bestand häufig zwischen dem Kolonisierten und dem Kolonisator, selbst wenn dieser jenem besonders wohlgesonnen war, weil sich der weiße Europäer einfach nicht vorstellen konnte, was in der Seele seiner eingeborenen Hausangestellten vor sich ging (»Sie sind undurchdringlich«). Es gibt im übrigen beim Opfer der Unterdrückung ein Element der Verzweiflung, des Gefühls der Ausweglosigkeit, das seiner Angst ihre besondere Färbung verleiht und bei dem, der nicht unterdrückt wird, einfach nicht auftreten *kann*. Denn selbst wenn dieser sich in die Situation des Unterdrückten begibt, um dessen Erfahrungen zu teilen, kann er sie doch jederzeit wieder verlassen. So sympathisch der Versuch des Amerikaners Griffith auch war, der seine Haut dunkel tönen ließ und unter den Schwarzen der Südstaaten lebte, er wußte doch, daß er jederzeit in den Norden zurückkehren und ausrufen konnte: »Ich bin ein Weißer!«, womit sein freiwillig erlittener Alptraum beendet gewesen wäre. Man kann sich niemals ganz und gar in einen Schwarzen hineinversetzen; auch nicht in einen Juden, der seine Angehörigen in den Gaskammern der Todeslager verloren hat.

Die Pädagogik der Schule muß außerdem die Oberhand über die Pädagogik der Straße und der familiären Umgebung gewinnen. Sie muß sich gegen eine ganze kulturelle Tradition auflehnen, die sich besonders hartnäckig hält, weil sie unbestimmt und ohne inneren Zusammenhang ist. Und schließlich wird *die Änderung der objektiven Existenzbedingungen*, durch die allein der Unterdrückung möglicherweise ein Ende bereitet werden kann, eine lange Zeit brauchen. Sie hängt nicht nur von der Kraft der Antirassisten ab. Im übrigen gibt es auch keine Gewähr, daß eine neue politische Ordnung, für die man lange wird kämpfen müssen, nicht ihrerseits auf den Rassismus zurückgreift, ein Rezept, das sich bisher in sozialen Krisen immer wieder bewährt hat.

Der Kampf gegen den Rassismus ist langwierig und schwer, er muß immer wieder neu aufgenommen werden und ist wahrscheinlich niemals beendet.

Und dennoch ist er gerade deshalb ein Kampf, der unablässig und kompromißlos geführt werden muß. Man kann dem Rassismus gegenüber nicht nachsichtig sein, man gewährt dem Ungeheuer keinen Einlaß, schon gar nicht, wenn es sich hinter einer Maske versteckt, denn damit gäbe man ihm eine Chance, damit würde man dem Tier in uns und den anderen einen größeren, dem Menschen in uns aber einen kleineren Spielraum zugestehen. *Wer die Welt des Rassismus auch nur ein wenig akzeptiert, der billigt damit die Angst, die Ungerechtigkeit und die Gewalt;* er akzeptiert, daß sich nichts an den finsteren Zeiten ändert, in denen wir noch immer größtenteils leben; er akzeptiert, daß der Fremde ein mögliches Opfer bleibt. (Und welcher Mensch wäre grundsätzlich kein Fremder?) Der Rassismus illustriert also die unausweichliche Negativität der Lage des unterdrückten Menschen; d. h., er erhellt gewissermaßen die gesamte menschliche Verfassung. Der schwierige, stets ungewisse antirassistische Kampf ist trotzdem eine Vorbedingung für den Übergang von animalischen zu menschlichen Verhaltensweisen. *In diesem Sinne können wir gar nicht anders als die rassistische Herausforderung anzunehmen.*

Rassismus und Heterophobie[1]

Wenn Sie mich fragen, ob man auch von Rassismus sprechen kann, wenn es um den gesellschaftlichen Ausschluß der Frauen, Homosexuellen, Jugendlichen oder der Behinderten geht, dann treffen Sie genau den Punkt: Dies ist eine Frage, die ich mir schon vor mehr als 15 Jahren gestellt habe. Eigentlich wollte ich die *allgemeinen* Mechanismen des Rassismus analysieren, statt sie lediglich drastisch zu beschreiben oder mich einfach zu empören. Auf diese Weise bin ich zu meiner *Definition* des Rassismus gelangt. Ich entdeckte, daß der Rassismus an Herrschaft oder Aggression geknüpft ist, und da Herrschaft eines meiner Hauptthemen ist, steht der Rassismus in der Tat im Zentrum meiner theoretischen Arbeit.

Das Schwierige Ihrer Frage, die eigentliche Verwirrung, rührt vor allem von einer Zweideutigkeit des Begriffs »Rassismus« selbst her.

Dieser Begriff soll eine »Theorie« des zwangsläufigen Ausschlusses anderer und deshalb minderwertiger Rassen bezeichnen, die darum minderwertig sind, weil sie nicht der »Rasse« des Rassisten angehören. Genau genommen dürfte man diesen Terminus nicht verwenden, sobald es um andere als rassische Unterschiede geht.

Nun kann man jedoch folgendes beobachten: Wenn man Rassisten befragt, dann geht es ihnen gar nicht immer um den biologischen Faktor. Zweifellos gibt es bewußte und in irgendeiner Form organisierte Rassisten, die offen auf dem biologischen Vorwurf bestehen und dreist behaupten, es gebe Völker, die durch und durch schlecht seien, mißgestaltet, mit einem besonderen Körpergeruch behaftet oder habgierig usw. Aber viele ignorieren den biologischen Aspekt, um einen anderen desto mehr hervorzuheben: Die Beschuldigten hätten eine unheilvolle psychische Macht, seien wirtschaftlich gefährlich und politisch schädlich, gelegentlich sogar metaphysisch bedrohlich und im übrigen ja auch dafür gestraft; so ständen etwa die Juden unter einem göttlichen Fluch, und die Schwarzen seien vom Ewigen Gott von den Segnungen der Zivilisation ausgeschlossen worden. Deshalb sei es »nicht mehr als recht und billig«, wenn sie die Opfer des Rassisten seien. Will man nun behaupten, diese Ankläger im Namen einer sogenannten Psychologie oder Ökonomie seien keine Rassisten, nur weil sie der Biologie keinen besonderen Stellenwert einräumen?

Um diese Unklarheit zu beheben, habe ich eine *Definition* des Rassismus vorgeschlagen, *die seinen beiden Spielarten gerecht wird:* einem Rassismus im engeren Sinne, der sich allein auf die Biologie stützt, d. h. auf den biologischen Unterschied, und einem im weiteren Sinne, der alle – tatsächlichen und fiktiven – Unterschiede psychischer, politischer, wirtschaftlicher usw. Art umfaßt. Mit einer ergänzenden Maßgabe: Beide Bedeutungen müssen in derselben Definition gelten, da die grundlegenden Mechanismen *aller* Formen des Rassismus identisch sind. Es ist die Definition, die ich der *Encyclopaedia Universalis* vorgeschlagen habe und die seitdem in den allgemeinen Sprachgebrauch eingegangen ist.

Diese Formulierung erfaßt beide möglichen Fälle: den biologischen, allein auf Rassenunterschieden beruhenden Rassismus, und den Rassismus im weiten Sinne, von dem unter anderem die Frauen, Jugendlichen, Homosexuellen und die Behinderten betroffen sind... wenn man will, auch die Tiere. Immer wenn ein Mensch einen anderen angreifen oder unterdrücken will, findet sich eine Möglichkeit, an diesem einen wichtigen Unterschied zu entdecken und diesen zu dessen

Nachteil für verhängnisvoll zu erklären. Es ist ein ähnlicher Mechanismus wie bei einer Wippschaukel: Männer z. B. erniedrigen Frauen, um dadurch selbst größer zu erscheinen.

Nach diesen Ausführungen möchte ich einen Punkt ganz besonders hervorheben, auch wenn ich Sie damit brüskieren muß: Obwohl diese Unterschiede als Grund für die verschiedenen Formen einer Ächtung herhalten müssen, bedeutet das nicht, daß sie blanke Erfindungen sind. Sie können real oder auch fiktiv sein. Der Rassismus liegt nicht in der Feststellung eines Unterschieds, sondern in dessen Verwendung gegen einen anderen. In unserem Beispiel der Männer und der Frauen existieren die biologischen Unterschiede durchaus. Ich persönlich wäre sogar sehr bekümmert, wenn sie über Nacht plötzlich verschwänden. So bedaure ich z. B. die Unisex-Kleidung, die langen Haare bei den Männern und die kurzen bei den Frauen sowie alles, was mein Vergnügen an der Andersartigkeit der Frau schmälert. Diese Haltung ist der des Rassisten genau entgegengesetzt. Der Rassismus macht aus dem Unterschied etwas Schlechtes, während ich ihn als eine Möglichkeit der Bereicherung sehe... Man kann nun wirklich nicht ernstlich behaupten, ein Schwarzer sei nicht an seinen Körpermerkmalen zu erkennen. Aber weder die Hautfarbe noch andere äußerliche Eigenschaften, die von denen eines Weißen abweichen, haben jemals auch nur den geringsten Einfluß auf die Intelligenz oder das sittliche Niveau eines Menschen gehabt.

Glauben Sie nicht auch, daß sogar die Jugend von heute bereits einer anderen biologischen Klasse angehört? Inzwischen bin ich in meinen mittleren Lebensjahren angelangt, und obwohl ich viel für die Jugendlichen übrig habe, finde ich sie ungestüm, lärmend und manchmal auch brutal..., aber trotzdem käme ich nicht auf die Idee, mich ihnen überlegen zu fühlen, eher umgekehrt.

Zweitens: *Der Unterschied macht Angst.* Ich habe gestern gelesen, der Bürgermeister eines kleinen Badeortes habe gegen den Aufenthalt einer Gruppe von Behinderten am Strand seiner Gemeinde Vorbehalte geäußert und dadurch einen Sturm der Entrüstung ausgelöst. Als Humanisten dürfen wir nicht einen einzigen Augenblick zögern, wenn das Recht von Behinderten bestritten wird, öffentliche Plätze zu besuchen. Wenn es jedoch um den Mechanismus des Ausschlusses geht und wir hier Abhilfe schaffen wollen, dann müssen wir dieser Angst vor den Fehlfunktionen der Natur, vor den Folgen von Autounfällen oder von Krankheiten Rechnung tragen. Die Wahrheit ist, daß wir Angst vor dem haben, was wir nicht verstehen, vor dem Unbekannten, d. h. vor den Unterschieden... Ich vermute, daß dies stammesgeschichtlich begründet ist – im Unbekannten können Gefahren lauern.

Drittens und schließlich gibt es noch das schwierige Problem der Feindseligkeit und Aggressivität; nehmen wir einfach den besten Fall, das erotische Verhältnis zwischen Mann und Frau. Selbst hier finden wir Feindseligkeiten und Aggression. Und ich bin überzeugt, daß auch hier die Angst die Ursache ist, eine Angst, die durch den biologischen Unterschied ausgelöst wird. Das gilt für beide: Während die Frauen Angst vor den Männern haben (die Jungfrau vor der Penetration), ängstigen sich die Männer vor den Frauen, vor allem vor dem Blut, dem Symbol des Todes.

Ich habe bislang noch nichts zu den Homosexuellen gesagt. Auch hier wirken dieselben Mechanismen. Es genügt nicht, sich über ihre gesellschaftliche Ächtung zu empören, man muß ihr auch auf den Grund gehen. Die sogenannten normalen Menschen empfinden unleugbar gegenüber den Homosexuellen ein Unbehagen, das einer zweifachen Störung entspringt. Die biologische Störung liegt auf der Hand. Die biologische Norm ist die heterosexuelle Paarung. Der

Gesetzgeber kann sich darüber nicht hinwegsetzen, auch nicht zum Schutz der Homosexuellen. Daneben gibt es eine soziologische Störung: Eine lebendige Gesellschaft ist eine, die sich fortpflanzt, wenn sie nicht untergehen will. Die homosexuellen Mitglieder der Gesellschaft bleiben ohne Nachkommen. Selbstverständlich sind sie deshalb nicht zu verurteilen, sie können der Gesellschaft in anderer Weise nützlich sein.

Im Grunde genommen können mich da auch die Mythen und Marotten meiner Freunde von der Linken nicht überzeugen. (Man denke nur an das viele Aufhebens, das man von der Rückkehr zu den angeblichen »Wurzeln« gemacht hat, ein Weg, den ich nach wie vor für einen großen Irrtum halte. In Wirklichkeit ist dieser Mythos den Rechten vom Schlage eines Maurice Barrès oder eines Maurras entlehnt. Ich weiß sehr wohl, woher die Erneuerung dieses Mythos kommt. Es sind die nationalen Befreiungsbewegungen, die seiner bedürfen, um sich zu behaupten und sich ihrer Vergangenheit zu vergewissern. Während indessen die Unterdrückten vorläufig wenigstens ein gewisses Recht haben, ihre eigene Identität gegen ihre Unterdrücker zu behaupten, halte ich die Verallgemeinerung eines solchen Unterfangens für gefährlich...)

Aber zurück zu unserem Thema; es stimmt, Menschen, die uns fremdartig erscheinen, wecken Ängste und Aggressionen. Deshalb müssen wir die Menschen darüber aufklären, ihnen beibringen, die Unterschiede und die Minderheiten zu achten und vielleicht sogar zu lieben. Aber dazu müssen wir zunächst ihre Angst verstehen. Wir müssen darüber wachen, daß diese nicht in Gewalt umschlägt und zu einem Instrument der Unterdrückung wird.

Um zusammenzufassen und auf Ihre Frage zurückzukommen: Ich habe vorgeschlagen, künftig zwei Begriffe statt des einen zu verwenden; mit Rassismus sollte man nur noch die

Haltung kennzeichnen, die den anderen allein wegen biologischer Unterschiede ausschließt, während in allen übrigen Fällen (Unterdrückung der Frauen, Homosexuellen, Behinderten, Jugendlichen usw.) der Begriff *Heterophobie* gebraucht werden könnte, der allgemein jede Phobie gegenüber dem anderen bezeichnet. Aus dieser Phobie entwickeln sich die Ablehnung des anderen und die Aggression ihm gegenüber.

An diese Aggressivität knüpfen alle Rechtfertigungsversuche an: die des wirtschaftlichen Konkurrenzkampfes macht z. B. die Minderwertigkeit der kleinen jüdischen und mittlerweile auch arabischen Ladenbesitzer oder Bäcker oder der großen Öllieferanten geltend.

Es bleibt noch die praktische Frage, wie man den Rassismus bekämpfen kann.

Wenn die aufgezeigten Mechanismen allen Formen des Rassismus gemeinsam sind, dann müssen wir uns dafür einsetzen, daß alle Opfer des Rassismus einen gemeinsamen Kampf führen.

Soweit jedoch andererseits jeder Rassismus oder besser jede Heterophobie ihre spezifischen Opfer hat, muß jede betroffene Gruppe die Verteidigung ihrer Existenz in besonderer Weise organisieren. Eine allgemeine Solidarität muß die spezifischen Kampfmaßnahmen unterstützen.

Anmerkungen

I. Beschreibung

1 Vgl. zu diesem Phänomen der kulturellen Konzentration A. Memmi, *Portrait d'un Juif,* Paris 1962.

2 Vgl. die Arbeiten von Professor Dausset.

3 Vgl. hierzu u. a. *Les races,* Bibliothèque de synthèse historique, Hg. Albin Michel.

4 Was Sartre über den Antisemitismus gesagt hat, gilt auch hier: Er ist eine Leidenschaft, d. h., er wird ebenso als etwas Äußeres *erlebt* wie als etwas Eigenes *gelebt.*

5 S. Autorenkollektiv, *Racisme et Société,* Paris 1969, S. 322: »Die klassische Definition des Rassismus von Albert Memmi... hat den Nachteil, daß sie in keiner Hinsicht genügend eingegrenzt ist.«

Denselben Vorwurf erheben François de Fontenette in *Le racisme,* Paris 1975, und Maxime Rodinson in seinem Artikel »Racisme, Ethnisme, Xénophobie« im *Dictionnaire du Savoir moderne.* D. h., daß diese Autoren auf einem Begriff des Rassismus im streng biologischen Sinne bestehen. Dem widerspricht allein schon die Beobachtung. Im übrigen verliert man damit aus dem Blick, daß es unmöglich ist, diesen eingegrenzten Aspekt zu verstehen, wenn man ihn nicht im Rahmen eines sehr allgemeinen Mechanismus betrachtet.

6 Vgl. A. Memmi, *La Dépendance,* Paris 1979.

7 A. Memmi, *Der Kolonisator und der Kolonisierte. Zwei Porträts,* Frankfurt 1980.

8 Was sich an bestimmten Pressekampagnen (»Es lebe der kleine Unterschied«) ablesen läßt. Dasselbe gilt für das »Natürliche« dort, wo es gar nicht hingehört.

9 Vgl. A. Memmi, *Portrait d'un Juif,* a. a. O.

10 Ebda.

11 »Porträt des Kolonisierten«, in *Der Kolonisator und der Kolonisierte*, a. a. O., S. 79–126.

12 Ich habe diesen Begriff eines von der Vorsehung geforderten Preises ausführlicher erörtert in *La Dépendance*, a. a. O. und in »Le prix de la santé«, *Prospective et santé publique*, Dezember 1981.

13 Ich habe für den Völkermord an den Juden nicht den Begriff des »Holocaust« gewählt, nachdem mir bewußt wurde, daß mit diesem Wort (das ursprünglich Brand- oder Sühneopfer bedeutete, d. Ü.) mehr oder weniger explizit nahegelegt wird, die Juden seien die für ein Sühneopfer ausersehenen Sündenböcke gewesen. Jene Juden, die dennoch von »Holocaust« sprechen, erliegen dem häufig anzutreffenden Mechanismus einer Verinnerlichung der Beschuldigung.

Während ich diese Anmerkung noch einmal durchlese, fällt mir eine ähnliche Bemerkung von Bruno Bettelheim (in *Survivre*) in die Augen.

14 Gobineau wäre besser beraten gewesen, seinem Buch den Titel *Versuch über die Unterschiede...* zu geben, der seinem Inhalt weit mehr entsprechen würde.

15 Zur historischen Behandlung des Antisemitismus s. die zahlreichen Abhandlungen zur »Geschichte des jüdischen Volkes«, »Geschichte der Juden« etc. (Graetz, Doubnov, Baron usw.) und insbesondere das bemerkenswerte Werk von Léon Poliakov, *Geschichte des Antisemitismus*, 7 Bde., Worms 1979–84 (aus dem Französischen von Rudolf Pfisterer).

16 Bernard Lazare wird nach wie vor das, was er als das hartnäckige Festhalten der Juden am Partikularismus bezeichnet, für die Ursache des Judenhasses in der Antike ansehen, womit er wahrscheinlich recht hat. Aber es liegt auf der Hand, daß jede Minderheit des Partikularismus beschuldigt werden kann..., von der Mehrheit, die die Assimilation fordert, d. h. das Verschwinden der Minder-

heit zu ihrem Vorteil. Vgl. B. Lazare, *L'Antisémitisme*, 2 Bde.

17 Um bei den Beziehungen zwischen Juden und Arabern zu bleiben. Man hat in den letzten Jahren eine unerwartete Spielart dieser Diskriminierung erlebt, die sogar innerhalb von jüdischen Gemeinden von den europäischen Juden, den sogenannten Askenasim, an ihren orientalischen Glaubensbrüdern, den Sephardim, geübt wurde. Die orientalischen Juden beklagen sich nicht ohne Grund, daß sie selbst in Israel einer solchen Ächtung ausgesetzt seien. Man mag diese Klagen als übertrieben ansehen; es bleibt, daß die Übernahme der politischen Macht durch die europäisierten Juden diese wie auch andernorts dazu verführt hat, die Ostjuden und die orientalischen Juden herabzusetzen und zu benachteiligen. Es wäre interessant, die Untersuchung auf ein Phänomen auszudehnen, das sich vor unseren eigenen Augen abspielt: Man würde dabei entdecken, daß die Juden des Mittelmeerraums, nachdem sie mit den übrigen Mittelmeerbewohnern deren Schicksal geteilt haben, auch deren historische Niederlage erlitten; mit dem Ende des Kolonialismus und der neuen Unabhängigkeit der Nationen erheben auch sie wieder das Haupt. Daher rühren selbstverständlich die unvermeidlichen Gegenmythen; eine von der Küche bis zur Musik verherrlichte Folklore, eine intensive Suche nach allem, was das kollektive Ich stärkt. Ich habe in Israel sogar erlebt, daß die orientalischen Juden die Macht für sich beanspruchen, weil jetzt die Reihe an ihnen sei (Gegenausschlag des Pendels).

18 Die getauften, aber insgeheim ihrer Religion treu gebliebenen Juden und Mauren in Spanien (A. d. Ü.).

19 Zum Begriff der Minderheit brauche ich mich nicht mehr zu äußern; ich erinnere lediglich daran, daß dies kein rein demographischer Begriff ist – man kann auf verschiedene Weise als *minderwertig* erklärt werden. In diesem umfassenden Sinne werden die Frauen und die Kolonisierten,

die demographisch gesehen zahlreicher sind als ihre Unterdrücker, von diesen als minderwertig erachtet; die nordamerikanischen Schwarzen und die Juden gehören in zweifacher Hinsicht Minderheiten an.

20 Maucorps, Memmi und Held, *Les Français et le racisme*, Paris 1965.

II. DEFINITIONEN

1 Vgl. *La Nef*, 19/20 1964, S. 41–47.

2 S. hierzu A. Memmi, *La dépendance*, Paris 1979, S. 70.

3 Vgl. »Porträt des Kolonisierten«, in A. Memmi, *Der Kolonisator und der Kolonisierte. Zwei Porträts*, Frankfurt 1980, S.79-126.

4 Ich habe es sogar unterlassen, den Begriff der *Wertung* durch die Adjektive *generalisiert* und *endgültig* zu qualifizieren. Das hatte seinen Grund darin, daß es mir hauptsächlich um das Phänomen der Wertung ging.

III. GEGENMASSNAHMEN

1 H. Arendt hat über den Nationalsozialismus und aus Anlaß des Eichmann-Prozesses von der »Banalität des Bösen« gesprochen.

2 1961 wurde ich von den Redakteuren einer TV-Sendung über den Rassismus gebeten, die zahlreichen Zuschriften der Zuschauer zu analysieren und einen Bericht für eine Pariser Zeitschrift abzufassen; vgl. »Faut-il en parler?«, *Evidence*, Sept./Okt. 1961.

3 Noch vor kurzem hat der bekannte Literat M. Fabre-Luce in einem Artikel im *Figaro* den Juden zur Zurückhaltung geraten. Dabei hätte jemand, der noch heute die Vichy-Regierung verteidigt, selbst allen Grund, sich zurückzuhal-

ten. Wenn er dies nicht tut, dann offensichtlich deshalb, weil er einer Mehrheit angehört, aber wie anders können die Angehörigen der Mehrheit — im Gegensatz zu denen von Minderheiten — so leben, wie es ihnen gefällt, als nach dem Gesetz des Stärkeren?

4 A. Memmi, *La Dépendance*, a. a. O.

5 R. Etiemble, *Le péché vraiment capital*, Paris 1957.

6 Von daher erklärt sich, wie wir gesehen haben, eine der Schwierigkeiten bei der Behauptung der Unterschiede, so berechtigt diese ansonsten auch sein mag.

7 Das hat Aimé Césaire gesagt, und ich hatte Gelegenheit, mich von der Richtigkeit dieser Behauptung zu überzeugen.

Anhang: Texte zur Erläuterung

Was ist Rassismus?

1 Artikel »Racisme« der *Encyclopaedia Universalis*, Paris 1972, S. 915 f.

2 Dieser Erklärung stimmt allerdings das ausgezeichnete Dictionnaire de Bescherelle nicht zu; nach ihm kommt »race« nicht von »ratio« (chronologische Ordnung), sondern von »radix« (Wurzel, Geschlecht), einem Wort, das derselben Familie zugehört. Jedenfalls hat der Sprachgebrauch offenbar die beiden Bedeutungen zu einem einzigen Terminus verschmolzen.

Versuch einer kommentierten Definition des Rassismus

1 Artikel für *La Nef*, 19/20 1964, S. 41−47; Teilabdr. in: Maucorps, Memmi und Held, *Les Français et le racisme*,

Paris 1965, vollst. Abdr. in A. Memmi, *L'Homme dominé*, Paris 1968 und 1973.

2 Noch weiter zusammengefaßt besteht der Rassismus aus drei wesentlichen Elementen:
1. dem Bestehen auf einem *Unterschied,*
2. dessen *Benutzung als Mythos* und
3. der *Bequemlichkeit* dieser Benutzung.

3 Vielleicht durch ein Begriffspaar, z. B. »Aggression – Rechtfertigung«, das den allgemeinen Mechanismus recht gut erfaßt, den ich beschreiben möchte.

4 Oder noch besser »Heterophobie« (Nachtrag 1982).

5 Gelegentlich sogar auf einen tatsächlichen *Mangel.* Aber der Rassist, weit davon entfernt, in einem solchen Mangel das Ergebnis der Unterdrückung zu sehen, die er selbst gegenüber seinem Opfer ausübt, oder wenigstens das Produkt objektiver Verhältnisse, denen sich dieses nicht entziehen kann, wirft ihm diesen Mangel sogar noch vor, als handelte es sich um einen Charakterfehler oder einen Makel. So ist z. B. die mangelnde technische Schulung des Kolonisierten das Ergebnis der Kolonisation, und das häufige Fehlen oder Zuspätkommen von Lohnarbeiterinnen in der Fabrik das Ergebnis ihrer starken häuslichen Belastung.

6 Manche Kritiker sind mit diesem Begriff der *Wertung* nicht einverstanden, den ich in seinem strengen Sinne verwende: die Beimessung eines – *negativen oder positiven* – Wertes.

7 So habe ich z. B. im »Porträt des Kolonisierten« den Begriff »Nerokomplex« gebraucht, der ebenfalls diese komplementäre und widersprüchliche Bewegung einer Wippschaukel enthält.

8 Vgl. »Porträt des Kolonisierten«, a. a. O., S. 85, im vorl. Buch S. 185 (das »Pluralzeichen«).

9 Die individuellen Beweggründe ändern dennoch nichts an der notwendigen *Vermittlung des sozialen Faktors,* den ich bei jeder rassistischen Argumentation für wesentlich halte.

Die individuelle Motivation wird erst dann zum Rassismus im eigentlichen Sinne, wenn sie von der Kultur und den Ideologien der Gruppe ihre Prägung erhalten hat. In den herrschenden Klischees sucht und findet sie Erklärungen für die eigene mißliche Lage, und aus diesen bildet sich der Rassismus. Der einzelne Rassist findet in seiner Umgebung, in der schulischen Erziehung, in seiner Kultur den Rassismus als eine mögliche Denk- und Geisteshaltung vor, die er übernimmt, sobald sich ein Bedürfnis danach bemerkbar macht. Kurz, die soziale Vermittlung geschieht auf zwei Ebenen, auf der der Opfers, das einer schuldigen und mit Makeln behafteten Gruppe angehört, und auf der des Beschuldigers als des Vertreters einer normalen und gesunden Gruppe.

10 Vgl. die Schlußbemerkungen in *Der Kolonisator und der Kolonisierte* und in *Portrait d'un Juif.* Der Kolonisierte darf sich ebensowenig wie der Jude oder der nordamerikanische Schwarze verleugnen oder maskieren, um seine rassistischen Widersacher zu entwaffnen. Er muß den Anspruch erheben, so angenommen zu werden, wie er ist, samt seinen Unterschieden.

Mythisches Porträt und Situation des Kolonisierten

1 »Porträt des Kolonisierten«, in: *Der Kolonisator und der Kolonisierte,* Frankfurt 1980, S. 81–90.

Das Privileg ist relativ

1 »Porträt des Kolonisators«, in: *Der Kolonisator und der Kolonisierte,* a. a. O., S. 28–33.

Rassismus und Unterdrückung

1 Dieser Text diente als Grundlage für die Abschlußbemerkungen des Buches *Les Français et le racisme*, das ich zusammen mit P. H. Maucorps und J. F. Held verfaßt habe (Paris 1965).

2 Auszug; vgl. *Portrait d'un Juif*, 6. Kap., 1. Teil.

3 Oder genauer »unser Einfühlungsvermögen (*empathie*)«, um einen Begriff meines Freundes und Kollegen, des französischen Soziologen P. H. Maucorps zu verwenden.

4 Ich nehme die Gelegenheit wahr, das Gesagte im Hinblick auf den Humanismus zu präzisieren. Bekanntlich hat man in den vergangenen Jahrzehnten den Humanismus immer wieder heftig angegriffen, und ich selbst habe mich gelegentlich spöttisch über die Humanisten geäußert. Dennoch müssen wir zwischen den einzelnen Kritiken unterscheiden. Auch die Faschisten haben die Humanisten nachdrücklich verurteilt und zutiefst verachtet, denn sie bekämpften das von diesen vertretene Menschenbild.

Unsere Kritik am Humanismus richtet sich jedoch gegen etwas ganz anderes. Wir bedauern, daß die Humanisten über ihrem Eintreten für den universellen Menschen, für eine auf die Vernunft gegründete Brüderlichkeit, für eine gemeinsame Basis aller Menschen die konkreten Probleme der einzelnen Individuen aus dem Blick verlieren. Ganz davon abgesehen, daß es häufig um einen Menschen in einer schwierigen historischen Situation geht, z. B. um den Kolonisierten oder den Schwarzen. Das letztere wiegt am schwersten, weil der Humanismus in diesen Fällen Gefahr läuft, zu einer Philosophie mit Alibifunktion zu werden.

Trotzdem leugne ich keineswegs das humanistische Ideal, dessen Verwirklichung noch immer vor uns liegt und um das wir uns alle bemühen müssen.

Rassismus und Heterophobie

1 Erstabdruck in *Différences*, Dez. 1981, S. 40−42.

athenäums taschenbuch ▬▬

Scholem Alechem
Die verlorene Schlacht
Humoristische Erzählungen
aus dem Jiddischen von
Mathias Acher
athenäums taschenbuch 150
130 Seiten. DM 16,80
ISBN 3-445-04750-2

James Boswell
Besuch bei Rousseau und Voltaire
athenäums taschenbuch 141
170 Seiten. DM 19,80
ISBN 3-445-04741-3

André Breton
Das Weite suchen
Reden und Essays.
Aus dem Französischen
übersetzt von Lothar Baier
athenäums taschenbuch 142
132 Seiten. DM 16,80
ISBN 3-445-04742-1

Giorgio Colli
Die Geburt der Philosophie
athenäums taschenbuch 154
128 Seiten. DM 16,80
ISBN 3-445-04754-5

Ernesto Grassi
Die Macht der Phantasie
athenäums taschenbuch 173
267 Seiten, DM 24,80
ISBN 3-445-04773-1

**Jörg W. Gronius/
Wend Kässens**
Theatermacher
Gespräche mit Luc Bondy,
Jürgen Flimm, Hansgünther
Heyme, Hans Neuenfels,
Peter Palitzsch, Claus Pey-
mann, Frank-Patrick Steckel,
Georg Tabori, Peter Zadek
athenäums taschenbuch 159
250 Seiten. DM 19,80
ISBN 3-445-04759-6

Hans-Peter Hempel
Heidegger und Zen
athenäums taschenbuch 168
196 Seiten. DM 19,80
ISBN 3-445-04868-1

Jost Hermand (Hrsg.)
Geschichten aus dem Ghetto
athenäums taschenbuch 147
315 Seiten. DM 29,80
ISBN 3-445-04747-2

athenäums taschenbuch

John Hersey
Hiroshima
6.8.1945 8 Uhr 15
Mit einem Vorwort von Robert Jungk
athenäums taschenbuch 140
190 Seiten. DM 19,80
ISBN 3-445-04740-5

Henri Lefèbvre
Die Revolution der Städte
athenäums taschenbuch 143
200 Seiten. DM 19,80
ISBN 3-445-04743-X

Ernst Loewy
Literatur unterm Hakenkreuz
athenäums taschenbuch 160
330 Seiten. DM 24,80
ISBN 3-445-04760-X

Albert Memmi
Rassismus
athenäums taschenbuch 96
226 Seiten, DM 24,80
ISBN 3-445-04696-1

Maurice Merleau-Ponty
Humanismus und Terror
athenäums taschenbuch 144
239 Seiten. DM 19,80
ISBN 3-445-04744-8

Psychoanalytisches Seminar Zürich (Hrsg.)
Die Gesellschaft auf der Couch
Psychoanalyse als sozial-
wissenschaftliche Methode
athenäums taschenbuch 122
230 Seiten. DM 24,80
ISBN 3-445-4722-7

Renate Schlesier
**Konstruktionen der Weib-
lichkeit bei Sigmund Freud**
Zum Problem von
Entmythologisierung und
Remythologisierung in der
psychoanalytischen Theorie
athenäums taschenbuch 148
257 Seiten. DM 24,80
ISBN 3-445-04748-0

Wilhelm Schmid
**Die Geburt der Philosophie
im Garten der Lüste**
Michel Foucaults Archäologie
des platonischen Eros
athenäums taschenbuch 167
144 Seiten. DM 19,80
ISBN 3-445-04767-7

Peter Schneider
**Das unheilige Reich des
Reineke Fuchs**
athenäums taschenbuch 166
90 Seiten, DM 12,80
ISBN 3-445-04766-9